TASTY™
Das Original
PRIDE

TASTY™

Das Original

PRIDE

75 REZEPTE UND GESCHICHTEN
AUS DER QUEER
FOOD COMMUNITY

Jesse Szewczyk

südwest

1. Auflage

Die Originalausgabe erschien 2020 unter dem Titel »Tasty Pride: 75 Recipes and Stories from the Queer Food Community« bei Clarkson Potter. Tasty und Einfach Tasty sind Marken von BuzzFeed, Inc.

(This translation published by arrangement with Clarkson Potter / Publishers, an imprint of Random House, a division of Penguin Random House LLC, New York. TASTY is a trademark of BuzzFeed, Inc., and used under license. All rights reserved.)

Redaktionsleitung: Dr. Harald Kämmerer
Projektleitung: Ann-Kathrin Kunz
Übersetzung: Dr. Ulrike Kretschmer
Redaktion & Satz: Matthias Liesendahl
Umschlaggestaltung für die deutschsprachige Ausgabe: OH, JA! (www.oh-ja.com) unter Verwendung eines Fotos von Lauren Volo.

Druck und Bindung: DZS Grafik d.o.o., Ljubljana
Printed in Slovenia

MIX
Papier aus verantwortungsvollen Quellen
FSC
www.fsc.org
FSC® C106600

Penguin Random House Verlagsgruppe FSC® N001967

ISBN 978-3-517-09967-5
www.suedwest-verlag.de

Inhalt

An all die queeren
die sich schon so
in den Mainstream-
vertreten zu sein:
jedem Restaurant,
in jeder Testküche,
Firma, in jedem Stu
Publikation. Dieses
Geschichten darin
für alle einen Platz

Köch*innen,
lange wünschen,
Fachmedien
Wir sind längst in
in jedem Hotel,
in jeder Catering-
dio und in jeder
Buch und die
beweisen, dass es
am Tisch gibt.

Einleitung

Als ich 2010 an meiner ersten Kochschule anfing, bezeichnete ein Lehrer einen der wenigen offen queeren Studenten vor versammelter Mannschaft als Tunte. Ich war außer mir vor Wut: dass der Lehrer ihn herausgegriffen hatte; dass der Student sich nicht dagegen wehrte. Am meisten jedoch war ich wütend auf mich selbst. Denn obwohl ich der LGBTQ+ Community angehöre, sagte auch ich kein Wort. Ich stand einfach nur da und ließ es geschehen. Und wusste, dass ich für den Rest des Tages und für den Rest meiner Zeit in der Küche dieser Kochschule weiterhin vorgeben würde, jemand zu sein, der ich nicht war.

Ich hatte mehrere Jahre zuvor, an der Highschool im Mittleren Westen, bereits damit begonnen, in Restaurantküchen zu arbeiten, und war dort nur sehr selten Köch*innen begegnet, die wie ich aussahen oder sich wie ich gaben. Damals musste ich ohnehin erst einmal mit meiner eigenen Sexualität zurechtkommen, ich war noch überhaupt nicht bereit, mich mit dem Rest der Welt darüber auszutauschen. Es gab außerdem noch nicht viele offen queere Küchenchef*innen, die Kochbücher schrieben oder im Fernsehen auftraten, weshalb ich schlicht annahm, mein kulinarisches Streben und meine Sexualität seien nicht in Einklang zu bringen. Restaurantküchen werden laut Medien seit je von heterosexuellen, weißen Cisgender-Männern dominiert. Und so gab ich mich meiner zukünftigen Karriere halber während der Arbeit als solcher aus. War ich mit Freund*innen oder der Familie zusammen, war ich stolz darauf, schwul zu sein – in der Küche aber war ich jemand ganz anderes.

Erst als ich 2017 nach New York zog und dort einer Community an queeren Köch*innen begegnete, die liebevoll, unterstützend und – zu meiner freudigen Überraschung – ungeheuer erfolgreich waren, konnte ich auch öffentlich feiern und ohne Einschränkung zeigen, wer ich wirklich war. Mit diesem ganz neuen Selbstvertrauen und Stolz wendete sich mein berufliches Leben zum Positiven. Jetzt, als Foodautor, der die Ehre hat, für Tasty arbeiten zu dürfen, eine der weltweit größten und wiedererkennbarsten Medienmarken im Foodsektor, möchte ich meine Reichweite dazu nutzen, das Talent queerer Köche in den Fokus der Aufmerksamkeit zu rücken. Damit hoffe ich, anderen das gleiche Gefühl des Stolzes zu vermitteln, das ich empfunden habe, als ich nach New York zog und das erste Mal meine blühende Community erlebte. Ich möchte das Geschenk der gegenseitigen Freude am Erfolg weiterreichen, und dank der Unterstützung von Tasty kann ich das nun auch.

Dieses Kochbuch mit seinen Rezepten und Geschichten soll Menschen, die meinem jüngeren Ich ähneln, zeigen, dass es mittlerweile viele queere Profis in der Kochbranche gibt. Das hier versammelte unglaubliche Können beweist, wie sehr die Foodwelt inzwischen von queeren Köch*innen bestimmt wird. Die meisten Rezepte in diesem Buch stammen von Menschen, die mir vor Beginn des Projekts vollkommen unbekannt waren, doch haben viele von ihnen den Weg zu einer inklusiveren, liebevolleren und toleranteren Küche geebnet. Von Julia Turshens Soulfood »Spaghetti mit Pute-Ricotta-Fleischbällchen« *(siehe S. 81)* bis zu Ruby Tandohs süß-salzigen »Saftig-weichen Misobrownies« *(siehe S. 175)* stehen die Rezepte für den wunderbaren Regenbogen der Vielfalt und Talente innerhalb der Community. Ob du nun selbst ein Mitglied der Community bist oder ein Verbündeter auf der Suche nach Kochinspiration – ich bin mir sicher, dass du auf den folgenden Seiten mehr als nur ein Rezept finden wirst, das du fortan nicht mehr missen möchtest.

Abgesehen von den fantastischen Kochideen sind es die Geschichten, die dieses Buch so besonders machen: Geschichten von Liebe, Toleranz und Stolz. Ich habe alle Mitwirkenden gebeten, mir neben dem Rezept auch zu erzählen, wie Essen ihre oder seine Identität geprägt hat. Einige Rezepte feiern die Triumphe unserer Community, etwa Bill Yosses' »Mousse-au-Chocolat-Torte« *(siehe S. 196)*, die während der Präsidentschaft von Barack Obama im Weißen Haus serviert wurde – dem ersten amerikanischen Präsidenten, der sich für die gleichgeschlechtliche Ehe aussprach. Andere Rezepte trösteten in entscheidenden Momenten des Lebens, darunter Amelia Rampes »Blumenkohlsandwiches mit geräuchertem Gouda und Peppadews« *(siehe S. 137)*, die es an jenem Abend gab, als sie und ihre Tochter sich voreinander outeten. Die »Garnelen-Schweinefleisch-Wan-Tan mit Chilisauce« *(siehe S. 59)* kräftigten die Bande zwischen Melissa King und ihrer neuen Wahlfamilie, und mit ihrer pikanten »Pasta Puttanesca« *(siehe S. 138)* verzauberte Karen Akunowicz ihre neue Freundin. Essen hat die einzigartige Macht, zu verbinden, zu nähren und zu inspirieren, und genau so, hoffe ich, wirst du dich fühlen, während du dich durch dieses Buch kochst.

Danke, all ihr tollen queeren Köch*innen, die ihr dieses Buch möglich gemacht habt. Eure Geschichten werden in den Herzen vieler Menschen Widerhall finden, eure Rezepte werden Menschen, die einander lieben, zusammenbringen. Und denjenigen, die das Gefühl haben, sich verstecken oder ändern zu müssen, um in der Foodbranche erfolgreich zu sein, soll dieses Buch den Beweis liefern, dass sie hundertprozentig zu sich stehen können, sowohl in als auch außerhalb der Küche.

Mit Liebe und Stolz,
Jesse Szewczyk

Mitwirkende

Aaron Hutcherson

Alana McMillan & Sabrina Chen

Alex Koones

Amelia Rampe

Andre Springer

Andy Baraghani

Anita Lo

Anna Hieronimus & Elise Kornack

Antoni Porowski

April Anderson

Arnold Myint

Art Smith

Ben Mims

Bill Smith

Bill Yosses

Bo Durham

Brian Hart Hoffman

Bryan Petroff & Douglas Quint

Casey Elsass

Charlie Monlouis-Anderle

Deborah VanTrece & Lorraine Lane

Diana Yen

Edd Kimber

Elazar Sontag

Elizabeth Falkner

Elle Simone Scott

Eric Kim

Frances Tariga-Weshnak

Gabriella Vigoreaux

Hannah Hart

Iliana Regan

Irvin Lin

Jake Cohen

James Park

Jesse Szewczyk

Jesse Tyler Ferguson

Jessica Battilana

John Birdsall
Jonathan Melendez
Josie Smith-Malave
Julia Turshen
Justin Burke-Samson
Justin Chapple
Karen Akunowicz
Katy Smith
Kia Damon
Kristopher Edelen
Libby Willis & Bill Clark
Liz Alpern
Lukas Volger
Melissa King
Michael Marino & Jorge Moret
Natasha Case & Freya Estreller
Nik Sharma
Ollie Walleck
Orlando Soto

Pichet Ong
Preeti Mistry
Rebekah Peppler
Rick Martinez
Rita Sodi & Jody Williams
Ruby Tandoh
Ryan Alvarez & Adam Merrin
Sana Javeri Kadri
Sarah Kirnon
Sean Dooley
Susan Feniger
Ted Allen
Tiffani Faison
Vaughn Vreeland
Virginia Willis
Von Diaz
Woldy A. Reyes
Yotam Ottolenghi
Zac Young

Geräte & Ausstattung

Die Rezepte in diesem Buch stammen von einer ganzen Reihe von Küchenchef*innen und zeigen das beeindruckende Spektrum verschiedenster Kochstile. Manche der Köch*innen arbeiten in Profiküchen und benutzen Geräte, mit denen du vielleicht nicht vertraut bist. Zwar sind alle Rezepte so konzipiert, dass die Gerichte leicht zuzubereiten sind, doch braucht man für einige spezielle Utensilien – wovon du dich jedoch nicht abschrecken lassen solltest. Die meisten dieser Utensilien bekommst du in Haushaltswarenläden oder im Internet.

Antihaftbeschichtete Backmatte und/oder Backpapier

Wenn du gern und oft backst, sind antihaftbeschichtete Backmatten eine gute Investition. Sie bestehen aus biegsamem, lebensmitteltauglichem Silikon und können wiederverwendet werden. Backpapier sollte ebenfalls in keiner Küche fehlen: Es eignet sich hervorragend, um Backbleche auszulegen und Backformen auszukleiden, damit sich der Kuchen später leichter aus ihnen lösen lässt. Und natürlich kann man auch Gemüse und Fleisch auf einem mit Backpapier ausgelegten Backblech garen. Das hat den zusätzlichen Vorteil, dass sich das Blech nach der Verwendung im Handumdrehen reinigen lässt.

Digitale Küchenwaage

Viele Zutatenmengen in diesem Buch sind zwar in Ess- bzw. Teelöffeln oder in Litern bzw. Millilitern angegeben, doch gibt es auch welche, etwa bei Schokolade oder Käse, die in Gramm abgewogen werden müssen. Manchmal reicht es, die Menge nach der Grammangabe auf der Packung lediglich abzuschätzen; allerdings sind Küchenwaagen, insbesondere digitale Küchenwaagen, natürlich wesentlich genauer.

Eisportionierer

Mit einem Eisportionierer mit Federmechanismus kann man nicht nur Eis, sondern auch Teig portionieren. Das geht leicht und stellt sicher, dass die Kugeln anschließend alle exakt dieselbe Größe haben. Im Notfall tun zwei Esslöffel es natürlich auch. Brian Hart Hoffmans »Hochzeitskuchen-Cookie-Sandwiches« *(siehe S. 200)* sind ein gutes Beispiel für ein Rezept, das mit einem solchen Teigportionierer einfach besser gelingt.

Feinmaschiges Sieb

Dieses bescheidene Küchengerät ist der beste Freund aller Köch*innen. Es macht Saucen beim Durchseihen seidig glatt und entfernt Klümpchen aus Dingen wie Kakaopulver, Mehl und Puderzucker – ein spezielles Mehlsieb braucht man da nicht mehr!

Fleischthermometer

Fleisch- oder Küchenthermometer messen die Innentemperatur dessen, was du gerade zubereitest, und das innerhalb von Sekunden. Sie eignen sich für Steaks, Huhn und Fisch. Statt die Proteinquelle aufzuschneiden, um nachzusehen, ob sie gar ist, steckt man einfach das Thermometer in die dickste Stelle des Fleischs. Man kann damit auch die Temperatur von Frittieröl messen, etwa bei der Zubereitung von Alex Koones' »Luftige Beignets mit Everything-Bagel-Würzmischung« *(siehe S. 28)*.

Gemüsehobel

Damit kannst du Gemüse in hauchdünne Scheiben hobeln. Das geht technisch gesehen zwar auch mit einem Messer, der Hobel vereinfacht die Sache aber wesentlich. Doch Achtung: Die Schneiden sind äußerst scharf! Vergiss den Fingerschutz nicht und geh beim Hobeln langsam vor.

Grillpfanne

Wer keinen Garten zum Grillen hat, sollte zumindest eine Grillpfanne besitzen. Mit ihr ist man unabhängig von der Wohnsituation – und von der Jahreszeit sowie vom Wetter gleich mit dazu. Bei einigen Rezepten in diesem Buch kann man sowohl einen Außengrill als auch eine Grillpfanne verwenden, hat also je nach Gegebenheiten die Wahl.

Handreibe

Mit ihr kann man Zitrusfruchtschale abreiben und Gewürze wie beispielsweise Muskatnüsse frisch reiben, aber auch Käse und sogar Schokolade raspeln. Das Gerät ist ungeheuer nützlich und erzeugt einen unglaublich feinen Abrieb. Für viele Rezepte in diesem Buch braucht man die Handreibe für den Zitronen- oder Limettenabrieb – etwa für Justin Burke-Samsons »Crinkle Cookies mit Zitrone und Mohn« *(siehe S. 183)* –, doch wer keine hat, verwendet einfach die feinsten Raspeln der Standreibe.

Hochleistungsmixer

Für einige Rezepte ist ein traditioneller Standmixer erforderlich, damit bestimmte Zutaten eine gewisse Konsistenz bekommen – dafür lohnt es sich schon, in den Schrank mit den selten benutzten Küchengeräten zu gucken. Professionelle Hochleistungsmodelle zaubern in Sekundenschnelle geschmeidige Saucen, Suppen und Pürees.

Küchenmaschine

Die Küchenmaschine ist unendlich hilfreich, ob man mit ihr nun Kräuter hackt, Karotten raspelt oder ganze Nüsse fein mahlt. Zu vielen Modellen gibt es Zubehör für verschiedene Aufgaben, etwa um Zutaten in Scheiben oder Streifen zu schneiden oder sie zu pürieren. Das Gerät ist einfach zu handhaben und kann dir wirklich Zeit ersparen. Unser persönlicher Favorit ist der 3,4-Liter-Food-Processor von Cuisinart, doch reichen kleinere Modelle mit einem Fassungsvermögen von zwei Litern zur Zubereitung von Pesto oder Hummus absolut aus.

Pürierstab

Mit dem praktischen und handlichen, aber leistungsstarken Gerät kann man Suppen gleich im Topf pürieren, schnell ein Salatdressing mixen und sogar Sahne steif schlagen – ohne vorher den besagten Schrank durchforsten zu müssen.

Schmortopf

Unter Schmortopf versteht man im Grunde jeden schweren Topf mit Deckel. Er eignet sich nicht nur für die Zubereitung von Schmorgerichten, sondern auch für die von Suppen und Saucen, die lange köcheln sollten – beispielsweise die Sauce für Ollie Wallecks »Tagliatelle mit Lammbolognese« *(siehe S. 69)*. Da Schmortöpfe aus Emaille oder Gusseisen bestehen, sind sie schwerer als Standardkochtöpfe aus Metall, sodass der Inhalt weniger leicht ansetzt.

Standrührgerät

Mit dem Standrührgerät kann man mühelos Sahne steif schlagen und Teig kneten. In vielen Fällen geht das zwar auch mit einem elektrischen Handrührgerät, doch bei einigen Rezepten führen Leistung und Geschwindigkeit eines Standrührgeräts zu einem anderen Ergebnis. Dazu gehört beispielsweise April Andersons »Nasser Blaubeer-Butterkuchen« *(siehe S. 192)*, bei dem die Eier mit dem Standrührgerät zu einer kompakten Masse geschlagen werden. Auch für Standrührgeräte gibt es Zubehör, das verschiedenen Aufgaben dient, etwa dem Einarbeiten von Luft in Teige und Glasuren, um diese »leichter« zu machen. Mit dem Knethaken wird Teigkneten zum Kinderspiel, und der Rühraufsatz macht die Butter-Zucker-Mischung herrlich hell und luftig.

ÜBRIGENS: Viele der Rezepte in diesem Buch sind völlig neu entwickelt worden – quasi exklusiv für dich! Du erkennst sie am Sternchen neben dem Rezeptnamen. ★

On / Tare /

g/oz
Escali
MADE IN U.S.A.
PERFECT BAKEWARE

Dips, Fingerfood & Snacks

Puerto-ricanischer Pimento Cheese

Von Diaz

Für ca. 450 g

225 g würziger, dunkler **Cheddar**, gerieben

225 g milder, heller **Cheddar**, gerieben

75 g geröstete **rote Paprika** (aus dem Glas), gewürfelt

120 g **Mayonnaise**

1½ TL **Sazón-Würzmischung**, selbst gemacht *(Rezept siehe unten)* oder gekauft

frischer **Koriander**, gehackt (optional)

Cracker oder **Selleriestangen**

TIPP *Der Dip hält sich im Kühlschrank leicht bis zu 3 Tage, im Gefrierfach bis zu 2 Monate.*

Im Herbst 2000 wurde ich zu meinem ersten queeren Potluck eingeladen. Ich bin am Stadtrand von Atlanta, Georgia, in einem gemäßigt konservativen Haushalt aufgewachsen und erhielt von meiner Umgebung konstant die Botschaft, dass queer zu sein gefährlich sei. Deshalb war mir bei der Einladung nicht wohl zumute. Ich hatte Geschichten von Leuten gehört, die nach dem Verlassen eines Schwulenclubs angegriffen worden waren. Ich hatte Sorge, dass mir das vielleicht auch passieren könnte. Mit Potlucks allerdings kannte ich mich aus, sie hatte ich als Kind oft erlebt. Also fasste ich mir ein Herz – und eine Schüssel Popcorn – und war sofort absolut überwältigt von dem Gefühl bislang ungekannter Freiheit, das ich dort hatte. Ich traf Menschen aller Gestalten, Farben, Größen und Gender-Identitäten. Bis zu diesem Augenblick hatte ich keine Ahnung von der Existenz einer solchen Community, doch danach wurden LGBTQ+ Treffen für mich zu einem sicheren Hort. Ich fühlte mich dort von Mal zu Mal wohler, und bald wollte ich meine neuen Freunde mit meinem kulturellen Background vertraut machen. Dazu bereitete ich auch puerto-ricanische Gerichte aus meiner Kindheit zu. Dieses Rezept für Pimento Cheese ist meine Hommage an queere Zufluchtsorte und die buchstäbliche Fusion meiner Südstaatenheimat und meiner Boricua-Wurzeln.

1. Beide Cheddar-Käsesorten, Paprika, Mayonnaise und Sazón-Würzmischung in eine große Schüssel geben und mit einem Gummispatel verrühren. Dabei von außen nach innen vorgehen und den Käse etwas glatt drücken. Der Dip sollte eine einheitliche Farbe haben, nur die Paprikawürfel sollten hervorstechen.
2. Den Dip in einen luftdicht verschlossenen Behälter geben und für mindestens 2 Stunden kühl stellen. Nach Belieben mit Koriander garnieren und mit Crackern oder Selleriestangen servieren.

Sazón-Würzmischung

Für ca. 120 g

1 EL **Knoblauchpulver**

1 EL **Zwiebelpulver**

1 EL **Kreuzkümmel**, gemahlen

1 EL **Kurkuma**, gemahlen

½ TL **schwarzer Pfeffer**, frisch gemahlen

2 EL **Meer-** oder **Steinsalz**

2 EL gemahlener **Annatto** oder **edelsüßes Paprikapulver**

1. Knoblauchpulver, Zwiebelpulver, Kreuzkümmel, Kurkuma, Pfeffer, Salz und Annatto oder Paprikapulver in einen luftdicht verschlossenen Behälter geben.
2. Den Behälter gründlich schütteln, bis sich die Zutaten vermengt haben. Die Würzmischung hält sich bei Zimmertemperatur ewig.

Luftige Beignets

mit Everything-Bagel-Würzmischung

Alex Koones

Für 16 Beignets

- 2 TL (1 Päckchen) **Trockenhefe**
- 5 EL **Zucker**
- 2 **Eigelbe** von Eiern Größe L
- 1 **Ei** (Größe L)
- 120 ml **Milch**, lauwarm
- 2 TL dunkler **Rübensirup**
- ½ TL **Meer-** oder **Steinsalz**
- 330 g **Mehl** + etwas mehr für die Arbeitsfläche
- 8 EL **Butter**, zimmerwarm
- 2 EL **brauner Zucker**
- ca. 2 l neutrales **Pflanzenöl**, z. B. Rapsöl, zum Frittieren
- **Everything-Bagel-Würzmischung**, selbst gemacht *(Rezept siehe S. 29)* oder gekauft

Ich wusste schon sehr früh, dass ich Frauen liebe. Mein erstes Glücksgefühl erlebte ich auf einer Pyjamaparty, als ich ein Mädchen in meinen Armen hielt. Später träumte ich sehnsuchtsvoll von meiner Betreuerin im Zeltlager. Jahrelang waren diese Erinnerungen von Scham, Verwirrung, Angst und Wut begleitet. Erst als ich alt genug war, um nach Gleichgesinnten zu suchen, und mich als Teil einer Bewegung erkannte, ergab das alles allmählich einen Sinn. Mein erstes queeres Pop-up-Dinner gab ich 2012: Ich kochte den ganzen Abend hindurch. Ich wollte eine Umgebung schaffen, in der queere Leute miteinander reden konnten – und womit ginge das besser als mit etwas Stärkehaltigem und Frittiertem? Also servierte ich luftige Beignets mit herzhafter Everything-Bagel-Würzmischung zu einer dieser Veranstaltungen. Die kleinen Leckerbissen können Menschen miteinander verbinden, sie vereinen, ihnen helfen, ihresgleichen zu finden.

1. Trockenhefe mit 2 Esslöffel warmem Wasser und 1 Esslöffel Zucker in den Behälter des Standrührgeräts geben und verrühren. Die Mischung etwa 5 Minuten stehen lassen, bis sie Bläschen zu werfen beginnt.

2. Das Standrührgerät mit Knethaken versehen. Eigelbe, Ei, Milch, 3 Esslöffel Zucker, Rübensirup und Salz zur Hefemischung geben und auf niedriger Stufe gründlich verrühren. Nach und nach das Mehl zugeben und weitere 2 Minuten rühren, bis der Teig zwar noch leicht krümelig ist, sich aber allmählich zu einer kompakten Masse verbindet. Teigreste am Rand mit einem Spatel immer wieder unterrühren. Bei laufendem Gerät die Butter esslöffelweise hinzufügen. 4 bis 6 Minuten weiterrühren, bis ein glatter Teig entstanden ist, der sich vom Rand des Behälters löst.

3. Den Teig auf die leicht bemehlte Arbeitsfläche geben und 2 bis 3 Minuten von Hand weiterkneten, bis er nicht mehr klebrig ist. In eine dünn eingefettete Schüssel geben und zugedeckt an einem warmen Ort etwa 1 Stunde gehen lassen, bis er sein Volumen verdoppelt hat.

4. In einem großen Topf 2 Liter Wasser mit dem braunen Zucker und dem restlichen weißen Zucker zum Kochen bringen. Ein Backblech mit Küchenkrepp belegen.

5. Den Teig zu einem 25 Zentimeter großen und ½ Zentimeter dünnen Quadrat ausrollen. In 16 etwa 6 Zentimeter große Quadrate schneiden. Die Teigquadrate mit einem Schaumlöffel jeweils für ein paar Sekunden pro Seite in die kochende Wasser-Zucker-Mischung tauchen und anschließend auf dem Küchenkrepp abtropfen und trocknen lassen.

6. Das Öl in einem großen Topf bei mittlerer Temperatur auf 175 °C erhitzen. Ein tiefes Backblech mit einem Ofenrost darauf bereitstellen. Die Beignets in dem heißen Öl portionsweise goldbraun frittieren, dabei einmal wenden. Das dauert pro Portion insgesamt etwa 4 Minuten. Zum Abtropfen auf den Ofenrost geben und sofort mit der Everything-Bagel-Würzmischung bestreuen. Warm servieren.

Everything-Bagel-Würzmischung

Für ca. 50 g

1½ EL **Mohnsamen**

1 EL **schwarze Sesamsamen**

1 EL **helle Sesamsamen**

1 EL **getrockneter Knoblauch**, gehackt

1 EL **getrocknete Zwiebel**, gehackt

2 TL grobes **Meersalz**

1 Mohnsamen, schwarze und helle Sesamsamen, Knoblauch, Zwiebel und Salz in einen kleinen, luftdicht verschlossenen Behälter geben.

2 Den Behälter gründlich schütteln, bis sich die Zutaten vermengt haben. Die Würzmischung hält sich bei Zimmertemperatur mehrere Monate lang.

★ Bananenchili-Feta-Dip der Familie Attea

Anita Lo

Für ca. 700 g

3 EL **Olivenöl**

450 g **Chilischoten »Hot Banana«**, entkernt und grob gehackt

225 g **Feta**, vorzugsweise bulgarischer, mit Lake

Meer- oder **Steinsalz** und **schwarzer Pfeffer**, frisch gemahlen

Pitabrot oder ein anderes Fladenbrot

Für große Familienfeiern, bei denen es libanesisches Essen gibt, hält die Familie meiner Partnerin immer dieses Wunderrezept bereit, das mit nur drei Zutaten auskommt – okay: fünf, wenn man Salz und Pfeffer mitzählt. Als Unterrezept tauchte es bereits in meinem Kochbuch *Solo: A Modern Cookbook for a Party of One* auf. Doch ich denke, es verdient einen Platz im Rampenlicht, weil es wunderbar abgestimmt ist und einen glauben macht, es sei viel komplexer, als es tatsächlich ist. Durch die Ausgewogenheit der scharfen, salzigen und sauren Noten kann man einfach nicht genug von diesem Dip bekommen, den die Familie Attea, die Familie meiner Partnerin, mit Pitabrot oder dem libanesischen Fladenbrot Markouk serviert.

1. Das Olivenöl bei hoher Temperatur in einem großen Topf erhitzen. Wenn es zu schimmern beginnt, die Chilischoten hineingeben. Die Hitze auf mittlere Temperatur reduzieren und die Chilischoten unter gelegentlichem Rühren braten, bis sie welk und leicht gebräunt sind.
2. In den Behälter der Küchenmaschine geben, den Feta dazugeben und beides zu einem glatten Dip verarbeiten. Dabei die aufgefangene Fetalake esslöffelweise hinzufügen, bis die Mischung streichfähig ist. Mit Salz und Pfeffer abschmecken.
3. Den Bananenchili-Feta-Dip mit frischem Pita- oder einem anderen Fladenbrot servieren.

Geröstete Kichererbsen

Kia Damon

Für 4 Portionen

2 Dosen **Kichererbsen** à 425 g, abgegossen und abgespült

3 EL **Rapsöl**

½ TL **Meer-** oder **Steinsalz**

1 EL **Grillgewürzpulver**

Als Kind war alles an mir – angefangen bei meinem Kleidungsstil bis zu der Art, wie ich sprach – *sehr* queer, und zwar noch bevor ich mir meiner eigenen Sexualität überhaupt bewusst war. Ich sehnte mich nach einem Raum, in dem ich mich ausdrücken und zwanglos *anders* sein konnte. Denn ich fühlte mich schon bald von Gleichaltrigen ins Abseits gedrängt und selbst von der Familie distanziert. Als ich mich schließlich als queer outete, vergrößerte das die Distanz nur. Erst als ich mich ernsthaft mit dem Kochen beschäftigte, fühlte ich mich wieder wahrgenommen. Kochen und Geselligkeit waren immer schon das Fundament meiner Familie, sie sind das, was uns verbindet, über nah und fern. Ob bei Differenzen, Familienstreitigkeiten, in sorgenvollen Zeiten oder bei Feiern – das gemeinsame Essen hat uns immer wieder zueinandergebracht. Jetzt, als Erwachsene, bin ich dankbar, dass ich das Band in meiner Wahlfamilie und in der liebevollen Community der schwarzen Queer- und Trans-Menschen, mit denen ich mich umgebe, fortführen kann. Während ich mir diese Familie aufbaute, habe ich oft für uns alle gekocht, und dieses Rezept für einen einfachen Snack aus gerösteten und herzhaft gewürzten Kichererbsen gehört zu meinen persönlichen Lieblingen. Die Kichererbsen sind knusprig, goldbraun und leicht zuzubereiten.

1 Den Ofenrost in die Mitte des Backofens schieben und den Ofen auf 175 °C vorheizen.

2 Die Kichererbsen mit Küchenkrepp trocken tupfen und mit dem Rapsöl und dem Salz in eine große Schüssel geben. Alles gründlich vermengen. Anschließend die Kichererbsen gleichmäßig auf einem mit Backpapier ausgelegten Backblech verteilen und 50 bis 60 Minuten im Ofen rösten. Dabei oft am Blech rütteln, damit die Kichererbsen gleichmäßig bräunen und knusprig werden.

3 Das Blech aus dem Ofen nehmen und die Kichererbsen darauf etwa 5 Minuten abkühlen lassen. In eine große Schüssel geben, mit der Trockengewürzmischung zum Grillen bestreuen und gründlich mit dieser vermengen. Ofen- oder zimmerwarm servieren.

Weiße-Bohnen-Dip

mit Knoblauchbaguette

Casey Elsass

Für 2 Portionen

2 **Knoblauchzehen**, abgezogen und zerdrückt + 1 **Knoblauchzehe**, abgezogen und halbiert

6 Zweige **Thymian**

4 **Salbeiblätter**

60 ml **Olivenöl** + etwas mehr zum Bepinseln

1 **Baguette** oder ein anderes knuspriges Brot

1 Dose **Cannellini-Bohnen** à 440 g, abgegossen und abgespült

1 EL **Zitronensaft**, frisch gepresst

¼ TL **Chiliflocken**

¼ TL **Meer-** oder **Steinsalz**

schwarzer Pfeffer, frisch gemahlen

Einige der schönsten meiner so zahlreichen glücklichen Küchenerinnerungen stammen aus jenen Zeiten, in denen ich gemeinsam mit meinen Liebhabern gekocht habe. Mit Ben war ich am College zusammen. Unsere Küche damals war alles andere als luxuriös, dafür aber reich an junger Liebe. Paul war Barkeeper und arbeitete nachts, und so war das gemeinsame Kochen am Abend ein Ritual, auf das ich mich den ganzen Tag freute, unsere Chance auf Austausch von Neuigkeiten und Küssen innerhalb eines begrenzten Zeitfensters. Dio liebt es, zu griechischer Popmusik zu kochen, zu singen und zu tanzen; dabei lachen wir viel, und immer wieder flüstert er mir *S'agapó* – »Ich liebe dich« auf Griechisch – ins Ohr. Die Mahlzeiten selbst sind hierbei eher nebensächlich. Wichtiger ist die besondere Verbindung mit der Person, die ich am meisten liebe, welche mich zu meinen kreativsten Kochmomenten inspiriert. Dieser Weiße-Bohnen-Dip, eines meiner absoluten Lieblingsrezepte und meine Dinnerparty-Geheimwaffe, stammt aus jenen mageren Collegejahren mit Ben. Die Zubereitung lässt sich gut zwischen zwei Leuten aufteilen – dir und einem Geliebten, deinem Partner, deiner besten Freundin oder wer auch immer dir gerade Liebe und Inspiration im Leben schenkt –, funktioniert aber auch, wenn deine Küche gerade auf die nächste Muse wartet.

1. Zerdrückten Knoblauch, Thymian, Salbeiblätter und Olivenöl in eine mittelgroße Pfanne geben. Die Pfanne bei niedriger Temperatur erhitzen und dabei gelegentlich schwenken, bis die Salbeiblätter knusprig sind und der Knoblauch zu bräunen beginnt. Das dauert etwa 15 Minuten. Mit einer Zange das hübscheste Salbeiblatt auf Küchenkrepp legen und abtropfen lassen. Restlichen Salbei, Thymian und Knoblauch aus der Pfanne nehmen und entsorgen, nur das aromatisierte Öl in der Pfanne lassen.

2. Eine mittelgroße Grillpfanne bei mittlerer bis hoher Temperatur erhitzen. Das Baguette in gut 1 Zentimeter dicke Scheiben schneiden und die Scheiben auf beiden Seiten mit Olivenöl bepinseln. Die Scheiben portionsweise etwa 1 Minute in der Pfanne braun und knusprig rösten, anschließend wenden und auf der anderen Seite 1 Minute weiterrösten. Die Scheiben aus der Pfanne nehmen und jeweils auf einer Seite vorsichtig mit der halbierten Knoblauchzehe einreiben. Die Scheiben auf einer Servierplatte oder einem Schneidbrett anrichten.

3. Das aromatisierte Öl aus Schritt 1 bei mittlerer Temperatur erhitzen und die Cannellini-Bohnen hineingeben. Unter häufigem Rühren etwa 5 Minuten anbraten, bis die Bohnen zu zerfallen beginnen und cremig werden. Die Hälfte der Bohnen mit einem Holzlöffel zerdrücken; im Dip sollten später noch Bohnenstückchen zu finden sein.

4. Die Bohnen mit Zitronensaft, Chiliflocken, Salz und einer großzügigen Menge Pfeffer würzen und alles gründlich verrühren. In eine Schale füllen, mit dem gerösteten Salbeiblatt garnieren, noch einmal mit Pfeffer bestreuen und mit dem Knoblauchbaguette servieren.

Gougères

mit Schnittlauch und schwarzem Pfeffer

Virginia Willis

Für 12 Stück

5 EL **Butter**

1 TL **Meer-** oder **Steinsalz**

85 g **Mehl**

5 **Eier** (Größe L)

70 g **Gruyère**, gerieben

1 TL **schwarzer Pfeffer**, frisch gemahlen

ca. 10 g **Schnittlauchröllchen**

TIPP *Die Gougères lassen sich wunderbar einfrieren. Dafür nach dem Backen vollständig abkühlen lassen und anschließend in einen luftdicht verschlossenen Behälter geben. Darin halten sie sich im Gefrierfach bis zu 4 Wochen. Die gefrorenen Gougères zum Aufwärmen 5 bis 7 Minuten in den 175 °C heißen Backofen geben.*

Zu Beginn meiner Karriere wurde ich an der École de Cuisine La Varenne in Frankreich als *stagiaire*, unbezahlte Auszubildende, angenommen. Die Schule war von Anne Willan gegründet worden, und eines der ersten Gerichte, die ich dort zuzubereiten lernte, waren Gougères, die herzhafte Version des Gebäckbrandteigs Pâte à choux. Kurz nach meiner Ankunft erzählte ein Kochlehrer Anne, dass ich lesbisch bin. Er wollte sich wohl damit bei ihr einschmeicheln. Das Bashing des Lehrers lief ins Leere, und Anne sprach mich nie darauf an. Jahre später verliebte ich mich in meine Literaturagentin – jetzt meine Lebenspartnerin –, die auch Annes langjährige Agentin war. Anne sollte nicht wieder durch Tratsch von dieser Beziehung erfahren, deshalb traf ich mich mit ihr zum Mittagessen, um ihr zu sagen, dass aus meiner beruflichen Verbindung zu Lisa Liebe geworden war. Anne lächelte nur herzlich, tätschelte meine Hand und sagte mit ihrem etwas steifen englischen Akzent: »Gut gemacht!« Dieses Rezept ist eine aktualisierte Version derselben Gougères, die ich in Frankreich zu backen lernte. Es erinnert mich immer an meine persönliche Reise zur Liebe.

1. Den Backofen auf 190 °C vorheizen und ein Backblech mit Backpapier oder einer antihaftbeschichteten Backmatte belegen.
2. In einem mittelgroßen Topf 180 Milliliter Wasser mit der Butter und dem Salz bei hoher Temperatur zum Kochen bringen. Anschließend den Topf vom Herd nehmen und das Mehl in den Topf geben. Sofort mit einem Holzlöffel oder Gummispatel verrühren, bis das Mehl vollständig eingearbeitet und eine glatte Mischung entstanden ist, die sich vom Topfrand löst. Das dauert nur etwa 1 Minute. Den Topf bei niedriger Temperatur wieder auf den Herd stellen und weitere 30 bis 60 Sekunden rühren, bis sich der Teig zu einer Kugel formt.
3. Mit einem Holzlöffel oder Gummispatel nacheinander 4 Eier unter den Teig schlagen; dabei erst ein Ei vollständig unterrühren, bevor das nächste hinzugefügt wird. Weiterrühren, bis der Teig dick und glänzend ist. Geriebenen Käse, schwarzen Pfeffer und Schnittlauchröllchen dazugeben und alles noch einmal gründlich verrühren.
4. Den Teig in eine Spritztüte mit runder Lochtülle füllen. Alternativ einen Plastikbeutel mit abgeschnittener Ecke verwenden. Ist das Blech mit Backpapier ausgelegt, zunächst in jede Ecke des Blechs einen Teigklecks setzen, damit sich das Papier nicht zusammenrollt. Anschließend 12 Teigplätzchen mit etwa 5 Zentimeter Durchmesser im Abstand von jeweils mindestens 5 Zentimetern auf das Blech spritzen. Das restliche Ei in einer kleinen Schüssel verquirlen und die Teigplätzchen damit bestreichen. Einen Finger in das verquirlte Ei tauchen und damit noch einmal über die Teigplätzchen fahren, um eventuelle Unebenheiten zu beseitigen. Die Gougères etwa 25 Minuten im Ofen backen, bis sie aufgegangen und leicht gebräunt sind. Anschließend auf dem Backblech etwas abkühlen lassen, dann auf ein Kuchengitter legen. Ofen- oder zimmerwarm servieren.

Süß-scharfer Party-Mix

Libby Willis & Bill Clark

Für 12 Portionen

Vietnamesische Karamellflocken

225 g **Butter**

400 g **brauner Zucker**

1 TL **Meer-** oder **Steinsalz**

170 g heller **Maissirup**

2 EL **Fischsauce**

1 TL **Backpulver**

200 g geröstete **Reiscracker**

1 EL **helle Sesamsamen**

1 EL **schwarze Sesamsamen**

Knoblauch-Limetten-Flocken

6 EL **Butter**, zerlassen

2 EL **Limettensaft**, frisch gepresst

1 TL **Knoblauchpulver**

1 TL **Zwiebelpulver**

200 g geröstete **Reiscracker**

Party-Mix

300 g geröstete und gesalzene **Erdnüsse**

170 g **kandierter Ingwer**, gehackt

250 g **Maispuffs** mit Käsegeschmack

25 g **getrocknete Mango**, gehackt

240 g **Wasabi-Erbsen**

Wir lernten uns vor mehreren Jahren bei der Arbeit in einer Bäckerei in Brooklyn kennen und wurden Freunde. Selbst nachdem wir den ganzen Tag lang Kekse, Kuchen und Scones am laufenden Band produziert hatten, wollten wir immer noch Zeit miteinander verbringen und zusammen essen – woraus bald regelrechte Dinnerpartys entstanden. Wir luden Freunde zu uns ein und zauberten jedes Mal ein Menü ganz nach unseren Wünschen. Nun braucht jede Dinnerparty einen Snack, den die Gäste zum ersten Drink knabbern können, und so begannen unsere Treffen immer mit einer Snackmischung. Die Mischung hier ist scharf, süß und genau das Richtige für eine sommerliche Pride-Party. Unser Restaurant, das MeMe's Diner in Brooklyn, verdankt seine Existenz jenen Dinnerpartys: Bei uns sind alle willkommen, und deshalb steht als Erstes auch immer ein kleines Schälchen mit Käsebällchen auf dem Tisch.

1 Für die vietnamesischen Karamellflocken den Backofen auf 90 °C vorheizen und zwei Backbleche mit Kochspray einfetten.

2 In einem mittelgroßen Topf Butter, braunen Zucker, Salz und Maissirup bei mittlerer Temperatur zum Kochen bringen. 5 Minuten kochen lassen, bis die Mischung eindickt. Den Topf vom Herd nehmen und die Fischsauce unterrühren. Anschließend vorsichtig das Backpulver unterrühren – die Mischung wird dabei relativ heftig schäumen und Bläschen werfen.

3 Die Reiscracker in eine große Schüssel füllen, das Karamell darübergießen und alles gründlich verrühren. Die karamellüberzogenen Reiscracker gleichmäßig auf die beiden vorbereiteten Backbleche verteilen. Mit hellen und schwarzen Sesamsamen bestreuen und 1 Stunde im Ofen backen, dabei alle 15 bis 20 Minuten am Blech rütteln. Die vietnamesischen Karamellflocken sollten tiefgoldbraun sein. Aus dem Ofen nehmen und auf den Backblechen vollständig abkühlen lassen.

4 Für die Knoblauch-Limetten-Flocken die Ofentemperatur auf 160 °C erhöhen und zwei Backbleche mit Kochspray einfetten. Die zerlassene Butter in einer kleinen Schüssel mit dem Limettensaft sowie dem Knoblauch- und dem Zwiebelpulver verrühren.

5 Die Reiscracker in eine große Schüssel füllen, die Buttermischung darübergießen und alles gründlich verrühren. Gleichmäßig auf die beiden vorbereiteten Backbleche verteilen und 12 bis 15 Minuten im Ofen backen. Nach der Hälfte der Backzeit einmal am Blech rütteln. Die Knoblauch-Limetten-Flocken aus dem Ofen nehmen und auf den Backblechen vollständig abkühlen lassen.

6 Für den Party-Mix in einer sehr großen Schüssel vietnamesische Karamellflocken, Knoblauch-Limetten-Flocken, Erdnüsse, kandierten Ingwer, Käsebällchen, getrocknete Mangostückchen und Wasabi-Erbsen vermengen. Der Party-Mix hält sich in einem luftdicht verschlossenen Behälter bei Zimmertemperatur bis zu 3 Tage.

Frittierte Kochbananen-Chips

mit Limetten-Sour-Cream und Mango-Chilisauce

Sarah Kirnon

Mein Restaurant, Miss Ollie's in Oakland, ist aus vielerlei Gründen zu einer Institution in der Gegend geworden. Am meisten liegt mir am Herzen, dass es ein sicherer Ort für junge, schwarze, queere Leute ist, an dem sie mit ihren Freunden, Liebsten und anderen Mitgliedern der LGBTQ+ Community abhängen können. Sich eine Schale süßer Kochbananen-Chips zu teilen ist eine einfache Möglichkeit, Menschen zusammenzubringen. In diesem Rezept kombiniere ich Chips mit selbst gemachter Chilisauce und einer erfrischenden Limetten-Sour-Cream, die auch für sich genommen absolut köstlich sind. Manchmal sind es die kleinen Dinge, die uns wissen lassen, dass wir geliebt werden – und dazu gehört sicherlich auch der Genuss warmer Kochbananen-Chips gemeinsam mit Freunden.

Für 6 Portionen

Mango-Chilisauce

2 EL **Sonnenblumenöl** oder ein anderes neutrales Pflanzenöl

4 mittelgroße **Schalotten**, abgezogen und fein gehackt

3 **Scotch-Bonnet-Chilischoten**, entkernt und fein gehackt *(siehe Tipp)*

3 **Knoblauchzehen**, abgezogen und gehackt

1 Stück (½ cm) frische **Kurkuma**, geschält und fein gehackt, oder 1 TL gemahlene Kurkuma

40 g frische **Mango**, gehackt

¼ TL **Meersalz** + etwas mehr zum Abschmecken

60 ml **Zuckerrohressig** oder **Apfelessig**

60 ml **Orangensaft**

Limetten-Sour-Cream

240 g **Sauerrahm**

½ TL abgeriebene **Bio-Limettenschale**

1 EL **Limettensaft**, frisch gepresst

1 TL **Meersalz**

Kochbananen-Chips

Pflanzenöl zum Frittieren

6 grüne **Kochbananen**

Meersalz und **schwarzer Pfeffer**, frisch gemahlen

1 Für die Mango-Chilisauce das Öl in einer mittelgroßen Pfanne bei niedriger Temperatur erhitzen. Schalotten, Chili, Knoblauch, Kurkuma und Mango hineingeben und 5 bis 7 Minuten in dem Öl braten, bis die Aromaten weich zu werden beginnen. Salz, Essig und 120 Milliliter Wasser hinzufügen, umrühren. Alles zugedeckt etwa 10 Minuten köcheln lassen, bis die Aromastoffe vollständig weich sind und die Flüssigkeit leicht eindickt.

2 Die Mischung in einen Mixer füllen und glatt mixen. Orangensaft unterrühren und mit Salz abschmecken. Die Sauce in ein wiederverschließbares Glas geben und bis zum Gebrauch kühl stellen. Die Chilisauce hält sich im Kühlschrank bis zu 2 Wochen.

3 Für die Limetten-Sour-Cream Sauerrahm, Limettenschale und Limettensaft sowie Salz in einer mittelgroßen Schüssel verrühren. Bis zum Servieren kühl stellen.

4 Für die Kochbananen-Chips einen großen Schmortopf oder einen Topf mit schwerem Boden zu etwa zwei Dritteln mit Pflanzenöl füllen. Das Öl bei mittlerer Temperatur auf 190 °C erhitzen.

5 Die Kochbananen mit einem scharfen Messer schälen und längs in rund 3 Millimeter dicke Scheiben schneiden. Die Scheiben portionsweise in dem heißen Öl in 4 bis 6 Minuten auf beiden Seiten goldbraun frittieren, dabei gelegentlich wenden. Mit einem Schaumlöffel herausheben und zum Abtropfen auf einen mit Küchenkrepp ausgelegten Teller geben. Mit Salz und Pfeffer würzen.

6 Die frittierten Bananenscheiben mit der Chilisauce und der Sour Cream zum Dippen servieren.

TIPP *Scotch-Bonnet-Chilischoten sind richtig scharf. Wer empfindlich auf Gewürze reagiert, beginnt zunächst mit einer kleinen Menge und tastet sich dann langsam vor.*

Popcorn

mit gerösteten Mandeln und Nori-Algen

Elazar Sontag

Für ca. 200 g

Geröstete Mandeln

- 150 g ungesalzene ganze **Mandeln**
- 1 EL **Olivenöl extra vergine**
- 1 TL **Honig**
- 1 TL **Meer-** oder **Steinsalz**

Popcorn

- 10 g **Nährhefe** (bzw. Hefeflocken)
- 1½ TL **Meer-** oder **Steinsalz**
- ¼ TL **Knoblauchpulver**
- ¼ TL **Zwiebelpulver**
- 2 EL geröstete **schwarze Sesamsamen** + etwas mehr zum Garnieren (optional)
- 2 Blätter geröstete **Nori-Algen** à ca. 20 x 18 cm, in gut 1 cm große Quadrate geschnitten
- 80 ml **Kokosöl**
- 40 g **Popcornmais**
- 1 EL **Olivenöl extra vergine**

Ich bin nur wegen der Snacks zur queeren Jugendgruppe gegangen. Jedenfalls erzählte ich das meinen Freunden auf der Mittelschule. In Wahrheit war das Jugendzentrum so ziemlich der einzige Ort, an dem ich mich glücklich und frei fühlte – nur dort konnte ich so sein, wie ich wirklich war. Außerdem gab es dort Snacks in rauen Mengen. Während andere aus der Gruppe Neuigkeiten austauschten, machte ich es mir auf einem Sofa bequem und füllte einen Plastikbecher bis zum Rand mit Knabberzeug. Aber selbst dort, inmitten so vieler Gleichgesinnter, war ich noch nicht bereit für mein Coming-out. Wenn die Reihe an mir war, kniff ich jedes Mal und warf stattdessen mit Popcorn. Zehn Jahre später könnte mein Leben inmitten einer unglaublich liebenden Community schwuler nicht sein. Doch wenn es einmal schwierig oder stressig wird, denke ich an die Jugendgruppentreffen und die Ruhe zurück, die mich überkam, wenn ich auf der Couch saß und Snacks futterte. Ich esse heute nicht mehr so gern Süßes, und auch Käsecracker sind nicht mehr so mein Ding. Lieber bereite ich meine eigene Snackmischung zu. Ich lasse das Popcorn in Kokosöl poppen, röste die Mandeln und wende beides noch warm in Sesamsamen, Nährhefe und Gewürzen.

1. Für die gerösteten Mandeln den Backofen auf 120 °C vorheizen und ein Backblech mit Backpapier belegen.
2. Mandeln in einer Schüssel gründlich mit Olivenöl, Honig und Salz vermengen, bis alle Mandeln mit der Mischung bedeckt sind. Nebeneinander auf dem vorbereiteten Backblech ausbreiten und 15 bis 20 Minuten im Ofen rösten, bis sie zu duften beginnen und leicht bräunen. Aus dem Ofen nehmen und 10 bis 15 Minuten auf dem Backblech abkühlen lassen.
3. In der Zwischenzeit für das Popcorn Nährhefe, Salz, granulierten Knoblauch oder Knoblauchpulver, Zwiebelpulver, Sesamsamen und Nori-Algen-Quadrate in einer kleinen Schüssel verrühren.
4. Kokosöl und Popcornmais in einen großen Topf oder Schmortopf geben, den Deckel auflegen und den Mais bei mittlerer bis hoher Temperatur erhitzen. Sobald der Mais zu poppen beginnt, den Topf sanft rütteln und dies alle paar Sekunden wiederholen, bis alle 3 bis 4 Sekunden ein Maiskorn poppt. Nach etwa 5 Minuten sollte es nicht mehr poppen; dann den Topf vom Herd nehmen und das Popcorn in eine große Schüssel füllen.
5. Zum Fertigstellen die abgekühlten Mandeln grob hacken. Es ist völlig in Ordnung, wenn dabei die eine oder andere Mandel ganz bleibt bzw. die Mandelstücke nicht gleich groß sind. Die größeren Stücke sorgen für den richtigen Crunch.
6. Das Popcorn mit Olivenöl beträufeln und beides gut vermengen. Die Gewürze-Sesam-Algen-Mischung sowie die gehackten Mandeln darübergeben und noch einmal alles gründlich vermengen, am besten mit den Händen. Hat sich das Popcorn leicht abgekühlt, in Servierschalen füllen und nach Belieben mit mehr Sesamsamen bestreuen.

Gebackener Brie

mit Steinfrüchten und Chili

Josie Smith-Malave

Für 8 Portionen

100 g **getrocknete Aprikosen**

120 ml **Orangensaft**

1 **Pfirsich**, entsteint und gehackt

55 g **Zucker**

1 **Fresno-Chilischote**, entkernt und in feine Ringe geschnitten

60 ml **Zitronensaft**, frisch gepresst

225 g **Tortenbrie**

2 EL **Honig**

5 g **Basilikumblätter**, gezupft

1 Laib knuspriges **Brot**, in Scheiben geschnitten und geröstet

Dieses Rezept verdankt sich der Schwäche meiner Frau Marcy für alles Briehafte. Wann immer ich zu Hause koche, stellt sie mir mit Sonderwünschen zu ihren Lieblingsgerichten die eine oder andere *Top Chef*-Challenge – und ich versuche immer, ihr alle Wünsche zu erfüllen. Sie hat so viel Freude in mein Leben gebracht, und die beste Art, meiner Wertschätzung und unverbrüchlichen Liebe für sie Ausdruck zu verleihen, ist es, ihr mit meinen Kochkünsten ein Lächeln ins Gesicht und wohlige Wärme in den Magen zu zaubern. Ihre Brie-Begeisterung hatte zur Folge, dass dieses Gericht mittlerweile auf der Speisekarte meines Restaurants Bubbles + Pearls steht. Alle meine Gäste lieben es genauso sehr wie sie; ich variiere es je nach Jahreszeit und je nachdem, welches Obst gerade Saison hat. Für mich stehen diese Variationen für die Kompromisse, die jedes Paar in der Ehe machen muss: Mal ersetze ich die Steinfrüchte durch Beeren, mal das Basilikum durch etwas Kräftigeres wie Thymian. Diese Version eignet sich gut für den Sommer, in den kälteren Wintermonaten bieten sich statt des Pfirsichs säuerliche Cranberrys an. Unsere Liebe ist eine hingebungsvolle Partnerschaft und eine lebenslange Reise, die wir Bissen für Bissen gemeinsam unternehmen – all das spiegelt sich in diesem Rezept wider. Statt Brot können auch Cracker oder süße Apfelscheiben dazu serviert werden.

1. Getrocknete Aprikosen und Orangensaft in einen kleinen Topf geben und bei mittlerer Temperatur zum Köcheln bringen. Die Hitze auf niedrige Temperatur reduzieren und die Aprikosen unter häufigem Rühren etwa 10 Minuten dünsten, bis sie fast die gesamte Flüssigkeit aufgesogen haben. Den Topf vom Herd nehmen und die Aprikosen darin vollständig abkühlen lassen. Anschließend auf ein Schneidbrett geben und in kleine Stücke hacken.
2. Die gehackten Aprikosen und die Pfirsichstücke mit Zucker, Chiliringen und Zitronensaft in eine große Schüssel geben, die nicht mit der Säure reagiert. Sanft vermengen, bis sich der Zucker fast vollständig aufgelöst hat. Die Mischung 1 Stunde bei Zimmertemperatur ziehen lassen, dabei nicht zudecken.
3. Den Backofen auf 190 °C vorheizen.
4. Den Brie in eine kleine gusseiserne Pfanne oder Keramikbackform legen. Die Fruchtmischung abgießen, um die Flüssigkeit, die sich am Boden der Schüssel gesammelt hat, zu entfernen. Die Früchte auf den Brie häufen, überschüssige Früchte um den Brie herum verteilen. Etwa 15 Minuten im Ofen backen, bis die Fruchtmischung Blasen zu werfen beginnt.
5. Die Pfanne bzw. Keramikbackform aus dem Ofen nehmen. Den Brie mit Honig beträufeln und mit dem Basilikum garniert sofort servieren. Die Brotscheiben zum Dippen dazu servieren.

Französischer Zwiebeldip

Andre Springer (a.k.a. Shaquanda)

Für ca. 650 g

3 EL **Butter**

1 Brühwürfel **Rinderbouillon**

3 mittelgroße **Zwiebeln**, abgezogen und in Scheiben geschnitten

120 g **Mayonnaise**

350 g **saure Sahne**

¼ TL **Meer-** oder **Steinsalz**

1–2 EL **scharfe Chilisauce**

1½ EL **Sweet Relish** (optional)

1 EL **Schnittlauchröllchen** + etwas mehr zum Garnieren

geräuchertes Paprikapulver (optional)

rohes Gemüse, in mundgerechte Stücke geschnitten, **Cracker** oder **Chips**

Ich ziehe gern Vergleiche zwischen Zwiebeln und meinem *drag*. Als mein Make-up wären karamellisierte Zwiebeln die Grundierung, getrocknete Zwiebeln die Highlighter und rohe Zwiebeln die Wimpern. Eine gute Drag-Performance braucht verschiedene Schichten, ebenso wie Zwiebeln ein Gericht vielschichtiger und komplexer machen. Manche Drag-Performances verlangen nach einer besonderen *location*, um zu zünden, andere brauchen nur einen guten Dip, damit die Party läuft. Dips eignen sich besonders gut für eine große Anzahl an Gästen, sie schmecken eigentlich jedem! Dieser Dip enthält eine großzügige Menge an Zwiebeln und ist von meiner Liebe zu Lauch und – im übertragenen Sinn – von den zahlreichen »Schichten« einer guten Performance inspiriert. Er ist pikant, aromatisch und perfekt für eine Party. Er verwandelt bescheidene Zutaten in etwas, das zu feiern sich lohnt.

1. Den Backofen auf 200 °C vorheizen.
2. Eine große gusseiserne Pfanne bei niedriger bis mittlerer Temperatur erhitzen. Die Butter darin zerlassen und gleichmäßig auf dem Boden sowie an den Rändern der Pfanne verteilen. Die Pfanne vom Herd nehmen. Den Brühwürfel hineingeben und mit dem Rücken eines Holzlöffels zerdrücken; er sollte sich vollständig in der Butter auflösen. Die Zwiebeln hinzufügen und mit der gewürzten Butter verrühren. Die Pfanne mit Alufolie abdecken und die Zwiebeln 1 Stunde im Ofen garen.
3. Die Pfanne aus dem Ofen nehmen, die Zwiebeln noch einmal mithilfe des Holzlöffels verrühren und die Pfanne dann erneut mit Alufolie abdecken; dabei eine kleine Stelle frei lassen, damit der Dampf entweichen kann. Die Zwiebeln weitere 45 bis 60 Minuten im Ofen garen, bis sie rundum karamellisiert sind.
4. Die Pfanne aus dem Ofen nehmen. Mit 2 Esslöffel Wasser den Bratensatz vom Pfannenboden lösen. Die Zwiebeln mitsamt dem Bratensatz in eine Schüssel geben und abkühlen lassen.
5. In einer mittelgroßen Schüssel Mayonnaise, saure Sahne, Salz, Chilisauce und nach Belieben Sweet Relish verrühren. Die abgekühlten Zwiebeln und die Schnittlauchröllchen unterrühren. Anschließend den Dip etwa 2 Stunden kühl stellen. Mit weiteren Schnittlauchröllchen garnieren und nach Belieben mit geräuchertem Paprikapulver bestäuben. Den Dip mit rohem Gemüse, Crackern oder Chips servieren.

Rind, Lamm & Schwein

Scharfer koreanischer Schweinebauch (Duru Chigi)

James Park

Für 4 Portionen

450 g **Schweinebauch**, in gut 1 cm große Würfel geschnitten

1 TL **gemahlener Ingwer**

1 TL **schwarzer Pfeffer**, frisch gemahlen

2 EL **Gochujang** (koreanische rote Chilipaste)

4 EL **Gochugaru** (koreanische Chiliflocken)

2 EL **Sojasauce**

2 EL **Mirin** (süßer Reiswein)

2 EL **Honig**

1 EL **geröstetes Sesamöl**

6 **Knoblauchzehen**, abgezogen und fein gehackt

3 große **Gemüsezwiebeln**, abgezogen und in Scheiben geschnitten

1 EL **Rapsöl**

2 – 3 **Frühlingszwiebeln**, gehackt

Meer- oder **Steinsalz**

Sesamsamen, geröstet

weißer Reis, gekocht

einige **Kopfsalatblätter**

Ich bin im Alter von 13 Jahren ganz allein aus Südkorea in die Vereinigten Staaten gekommen. Ich war gerade in der Pubertät und wusste nicht so recht, wer ich war; in meinen Gastfamilien konnte ich darüber nicht sprechen: Mit einigen meiner Eigenheiten kamen sie ohnehin nicht gut zurecht, etwa mit meiner relativ hohen Stimme oder den eng sitzenden Jeans, die ich gern trug. Nach Jahren des Unverstandenseins und der Wanderschaft von Gastfamilie zu Gastfamilie fand ich schließlich eine amerikanische Familie, der ich mich öffnen konnte: die Naumanns. Mrs Naumann wurde meine neue Mutter und spielte bei meinem Erwachsenwerden eine wichtige Rolle. Sie stellte meine Neigungen nie infrage und ermutigte mich immer, ich selbst zu sein. Sie war der erste Mensch, der mich je sagen hörte: »Ich bin schwul.« Nach diesem Outing erzählte ich ihr mehr von meinem Leben, vor allem beim Abendessen – wir sprachen über Dinge, über die ich mit meinen koreanischen Eltern nie sprechen könnte, weil sie nicht wissen, dass ich schwul bin. Dieses scharfe Schweinegericht kochte ich erstmals für die Naumanns; seitdem bereiten wir es regelmäßig gemeinsam zu. Kochen ist meine Weise, ihnen zu danken, dass sie mich in ihre Familie aufgenommen hatten. Der Schweinebauch ist üppig, würzig, pikant und voller verschiedenster Aromen. Ich bereite das Gericht auch heute noch für die Naumanns zu, wenn ich sie besuche.

1. Schweinebauchwürfel, Ingwer und Pfeffer in eine große Schüssel geben und gut vermengen.

2. Gochujang, Gochugaru, Sojasauce, Mirin, Honig, Sesamöl und Knoblauch in eine kleine Schüssel geben und zu einer Würzpaste verrühren.

3. Zwiebeln und Würzpaste zu den Schweinebauchwürfeln geben und alles mit sauberen Händen noch einmal gründlich vermengen. 30 Minuten ziehen lassen.

4. Das Rapsöl in einer großen Pfanne bei mittlerer Temperatur erhitzen. Zwei Drittel der Frühlingszwiebeln hinzufügen und etwa 2 Minuten in dem Öl andünsten, bis die Zwiebeln zu duften beginnen. Die marinierten Schweinebauchwürfel dazugeben und 20 bis 25 Minuten mitbraten, bis das Fleisch gar ist und die Flüssigkeit von den Zwiebeln verdampft ist. Mit Salz abschmecken.

5. Das Fleisch in eine Servierschüssel geben und mit gerösteten Sesamsamen sowie den restlichen Frühlingszwiebeln garnieren. Mit gekochtem weißem Reis servieren und Kopfsalatblätter dazu anbieten, damit sich die Gäste nach Belieben Wraps machen können.

Geröstete Lammkeule

mit Mandarinensaft und Calvados

John Birdsall

Für 4–6 Portionen

1 **Lammkeule** ohne Knochen, ca. 1,2 kg

4 TL **Meer-** oder **Steinsalz**

½ TL abgeriebene Schale von 1 **Bio-Mandarine** oder 1 **Bio-Orange**

60 ml **Mandarinen-** oder **Orangensaft**, frisch gepresst

60 ml **Calvados**, **Cognac** oder **Armagnac**

3 Zweige **Rosmarin** (optional)

TIPP *Marinadenspritzen sind in Haushaltswaren- und Küchenläden erhältlich. Du kannst das Lammfleisch aber auch etwa sechsmal gut 1 Zentimeter tief mit der Spitze eines Gemüsemessers einstechen, zusammen mit 3 Esslöffel der Mandarinen-Calvados-Mischung in einen großen Zipbeutel geben, den Beutel verschließen, dabei die Luft so weit wie möglich herauspressen und die Marinade im Beutel ins Fleisch einmassieren.*

Ich zog in den frühen 1980er Jahren nach San Francisco, als Aids noch unbekannt und alle vom Freiheitsgeist beseelt waren. In der Hauptstadt des Schwulseins suchte ich lange nach meinem Platz. Über einen Freund lernte ich David kennen. Er arbeitete in einem Programmkino, malte und hatte mehr Bücher gelesen als irgendein anderer Mensch. Außerdem war er ein Hardcore-Amateurkoch. Einmal hat er mich zu einem Essen eingeladen, das von A bis Z aus *The Alice B. Toklas Cook Book* von 1954 stammte und zu dem auch etwas namens »Gigot de la clinique« gehörte: eine geröstete Hammelkeule, die vor der Zubereitung eine Woche lang in Wein und Gewürze eingelegt wird. David hat mir dabei geholfen, meinen Platz zu finden – im Heim der literarischen, ästhetischen und intellektuellen Queerness, als Kind von Baudelaire und Rimbaud, James Baldwin und Jean Cocteau und insbesondere meiner kulinarischen Helden Richard Olney und der einzigartigen Miss Toklas. Das Rezept hier ist eine stark abgewandelte Version ihres Gigot: Ich verwende Fleisch vom jungen Lamm, verzichte auf die Marinade und injiziere Mandarinensaft sowie Calvados mittels einer eigens dafür vorgesehenen Marinaden- oder Fleischspritze. Der leicht karamellisierte und unglaublich aromatische und saftige Braten besitzt den ganzen Zauber der erwachsenen Selbstfindung.

1. Die Lammkeule rundum gleichmäßig mit Salz würzen und mit Küchengarn zusammenbinden. 1 Stunde bei Zimmertemperatur ruhen lassen oder über Nacht kühl stellen. Bei Letzterem vor der weiteren Zubereitung etwa 1 Stunde bei Zimmertemperatur stehen lassen, sodass das Fleisch eine Kerntemperatur von rund 10 °C annimmt.
2. Den Ofenrost auf der mittleren Schiene in den Backofen schieben und den Ofen auf 200 °C vorheizen.
3. In einer kleinen Schüssel Mandarinenabrieb sowie -saft und Calvados verrühren. Etwa 3 Esslöffel der Mischung mithilfe einer Marinadenspritze an sechs verschiedenen Stellen gleichmäßig in die Lammkeule spritzen, dabei die dicksten Stellen des Fleischs wählen. Die restliche Mandarinen-Calvados-Mischung beiseitestellen.
4. Die Lammkeule in eine hohe, feuerfeste Form legen, die nicht mit der Säure reagiert und klein genug ist, dass um das Fleisch herum nicht allzu viel Platz bleibt – etwa eine gusseiserne Pfanne oder eine Keramikbackform mit einem Durchmesser von rund 24 Zentimetern. Das Lamm im Ofen rösten und dabei alle 15 Minuten mit der Mandarinen-Calvados-Mischung bestreichen; die Rosmarinzweige eventuell mit Küchengarn zu einem »Pinsel« zum Bestreichen zusammenbinden. Soll das Fleisch medium-rare sein, muss die Kerntemperatur an der dicksten Stelle 50 °C betragen und die Lammkeule etwa 45 Minuten im Ofen rösten. Bei medium-garem Fleisch beträgt die Kerntemperatur 60 bis 62 °C.
5. Lammkeule aus dem Ofen nehmen, mit Alufolie bedecken und ca. 15 Minuten ruhen lassen. Das Fleisch in dünne Scheiben schneiden und auf einer Servierplatte anrichten. Vor dem Servieren mit Bratensaft beträufeln.

Picadillo-Tacos

mit Rindfleisch und Tomatillo-Árbol-Salsa

Katy Smith

Für 8 Portionen

4 **getrocknete Pasilla-Negro-Chilischoten**, ca. 30 g

6 **getrocknete Guajillo-Chilischoten**, ca. 30 g

12 **Tomatillos**, geschält

2 **Serrano-Chilischoten**

2 **Knoblauchknollen**, in Zehen geteilt, aber nicht abgezogen

3–4 **Árbol-Chilischoten**, entstielt

120 ml **Orangensaft**, frisch gepresst

3 TL **Meer-** oder **Steinsalz** + etwas mehr zum Abschmecken

2 EL **Olivenöl**

2 große **Gemüsezwiebeln**, abgezogen und gewürfelt + 1 Gemüsezwiebel, abgezogen und fein gehackt, zum Servieren

2 große **Karotten**, in Würfel geschnitten

2 TL **Kreuzkümmel**, gemahlen

3 EL **Aceto balsamico**

1 Dose **gegrillte Tomaten** à ca. 400 g

2 TL **Zucker**

2–3 große **Kartoffeln**, in Würfel geschnitten

2–3 **Jalapeños**, entkernt und in Würfel geschnitten

900 g mageres **Rinderhackfleisch**

4 g **Korianderblätter**, gehackt + etwas mehr zum Servieren

2 EL **Apfelessig**

24 **Maistortillas**

Ich hatte nie die Geduld, meiner Mom zu erlauben, mir das Kochen beizubringen. Sie versuchte es unzählige Male, doch endete jeder der Versuche zwangsläufig mit einem abfälligen Kommentar meinerseits – und einer frustrierten Mom. Zum Glück lässt sich das Muster nicht auf unsere gesamte Beziehung übertragen. Mit 27 hatte ich eine Lebenskrise: Mir war gerade bewusst geworden, dass ich lesbisch bin, und ich hatte keine Ahnung, wie ich das meinem Mann beibringen sollte. Das Coming-out in diesem Alter ist nicht leicht, und das Gefühl, jemanden zu verletzen, den man so sehr liebt, macht es nicht gerade leichter. Meine Mom war damals der Fels in der Brandung für mich durch ihre bedingungslose Unterstützung. Jahre später begegnete ich meiner jetzigen Frau Tanya, einer unglaublichen Amerikanerin mit mexikanischen Wurzeln, die ich mit meinem Wissen über mexikanisches Essen beeindrucken wollte. Nicht ahnend, dass ihre Mutter Rosalinda eine hervorragende Köchin ist, fragte ich Tanya nach dem Lieblingsgericht, das ihre Mutter immer für sie zubereitet, und war entschlossen, es nachzukochen. Ich habe Jahre damit verbracht, Rosalinda beim Kochen des Gerichts schweigend über die Schulter zu sehen. Mein Spanisch ist so schlecht wie Rosalindas Englisch, aber Food sprechen wir beide. Rosalinda zeigt uns ihre Zuneigung, indem sie sich in der Küche genauso von mir bedrängen lässt, wie meine Mom damals mich bedrängte. Ich liebe diese Picadillo-Tacos: Das Gericht ist schlicht, tröstlich und wärmend. Es folgt nicht ganz Rosalindas Rezept, kommt ihm aber sehr nahe.

1. Eine große Pfanne bei mittlerer bis hoher Temperatur erhitzen und eine große Schüssel mit heißem Wasser bereitstellen.
2. Mit einer Küchenschere die Stielansätze der getrockneten Pasilla-Negro- und Guajillo-Chilischoten entfernen. Die Schoten längs aufschneiden, aufklappen und portionsweise nebeneinander in die Pfanne legen. Mit einem Spatel an den Pfannenboden drücken und etwa 30 Sekunden pro Seite in der Pfanne rösten, bis sie ihre Farbe verändern und zu duften beginnen. Die Chilischoten anschließend sofort ins heiße Wasser geben. Mit einem Teller beschweren, um sicherzustellen, dass die Schoten vollständig von Wasser bedeckt sind, und 30 Minuten einweichen. Danach abgießen.
3. Für die Salsa den Backofengrill auf höchster Stufe einschalten und ein Backblech mit Alufolie belegen.
4. Tomatillos, Serrano-Chilischoten und Knoblauchzehen auf dem vorbereiteten Backblech verteilen. Etwa 2 Minuten im Backofen grillen, anschließend Knoblauch und Serrano-Chilischoten wenden. Weitere 2 Minuten grillen und Knoblauch sowie Serrano-Chilischoten aus dem Ofen nehmen. Die Tomatillos wenden und 4 bis 6 Minuten weitergrillen, bis sie gebräunt und weich sind. Ebenfalls aus dem Ofen nehmen und leicht abkühlen lassen. Den Knoblauch abziehen.

5 Árbol-Chilischoten, Orangensaft, geröstete Serrano-Chilischoten – nach Belieben entkernt –, rund ein Drittel der gerösteten Knoblauchzehen und 1 Teelöffel Salz in einen Mixer geben. Die Mischung glatt mixen. 8 Tomatillos mitsamt Saft dazugeben und alles bis zur gewünschten Konsistenz pürieren. Die Salsa in eine Schüssel füllen, abkühlen lassen und mit Salz abschmecken. Den Mixerbehälter ausspülen.

6 Das Olivenöl in einem großen Topf oder einer tiefen Pfanne bei hoher Temperatur erhitzen. Gewürfelte Zwiebeln, Karottenwürfel und 2 Teelöffel Salz hineingeben. 2 Minuten unter häufigem Rühren braten, bis das Gemüse weich zu werden beginnt. Die Temperatur auf niedrig bis mittel reduzieren und die Zwiebeln rund 20 Minuten karamellisieren lassen.

7 In der Zwischenzeit die eingeweichten Chilischoten mit den restlichen Tomatillos, dem Kreuzkümmel, dem restlichen Knoblauch, dem Aceto balsamico, den gegrillten Tomaten und dem Zucker in den Mixer geben. Alles vollständig glatt mixen.

8 Kartoffelwürfel und Jalapeños zu den karamellisierten Zwiebeln und Karotten geben und alles gut verrühren. Zugedeckt unter gelegentlichem Rühren 5 Minuten garen, bis die Kartoffeln weich zu werden beginnen. Das Hackfleisch hinzufügen und die Temperatur auf mittlere Stufe erhöhen. Das Hackfleisch mit einem Holzlöffel oder Metallspatel zerkrümeln und etwa 8 Minuten braten, bis es grau geworden ist. Die Chilisauce aus dem Mixer unterrühren und die Temperatur auf niedrig reduzieren. Die Mischung unter gelegentlichem Rühren 15 Minuten köcheln lassen, bis sie leicht eindickt und die Aromen sich verbinden. Koriander und Apfelessig unterrühren und mit Salz abschmecken.

9 Die Tortillas in feuchtes Küchenkrepp gewickelt 30 Sekunden in der Mikrowelle erwärmen oder einzeln direkt über der Gasflamme erhitzen, bis sie dunkle Stellen bekommen. Bis zum Servieren in ein Geschirrtuch gewickelt warm halten.

10 Die Picadillo-Hackfleisch-Mischung mit den warmen Tortillas, der Tomatillo-Árbol-Salsa, Koriander und fein gehackter Gemüsezwiebel servieren.

TIPP *Getrocknete Chilischoten sind in Feinkostläden oder online erhältlich. Sie können je nach Geschmack oder Angebot durch andere Sorten ersetzt werden, nur die Gesamtmenge sollte in etwa die gleiche sein.*

Garnelen-Schweinefleisch-Wan-Tan

mit Chilisauce

Melissa King

Für 6 Portionen

Wan Tan

225 g rohe **Garnelen**, geschält und vom Darmfaden befreit

225 g **Schweinehackfleisch**

1 TL **Speisestärke** + etwas mehr zum Bestäuben

2 TL **Shaoxing-Reiswein**

1 TL frischer **Ingwer**, gerieben

1 EL **Meer**- oder **Steinsalz**

¼ TL **weißer Pfeffer**, frisch gemahlen

1 Packung (340 g) dünne, quadratische **Wan-Tan-Teigblätter** mit Ei

1 **Frühlingszwiebel**, in dünne Ringe geschnitten

Sesamsamen, zerdrückt (optional)

gebratener **Knoblauch** (optional), selbst gemacht *(siehe Rezept S. 141)* oder gekauft

Chilisauce

1 EL helle **Sojasauce**

2 EL **schwarzer Essig**

1 TL **Chiliöl**

½ TL **geröstetes Sesamöl**

½ TL frischer **Ingwer**, gerieben

½ TL **Zucker**

TIPP *Die Wan Tan können auch gut vorbereitet werden. Dafür das Backblech mit den Teigtaschen mit Klarsichtfolie bedecken und für etwa 6 Stunden ins Gefrierfach legen. Zur Fertigstellung mit Schritt 3 fortfahren.*

Für mich waren Teigtaschen immer etwas Besonderes. Dabei geht es mir nicht nur um die Zubereitung als solche, sondern auch um das Liebevolle und das Gemeinschaftsgefühl, das ich mit den gefüllten Teigblättern verbinde. Als ich klein war, versammelten sich meine Tanten und Cousinen immer um einen Tisch, um gemeinsam zu wickeln, was das Zeug hält. Dann, als ich selbst groß war, dauerte es eine Weile, bis ich eine neue Familie gefunden hatte, mit der ich die Tradition fortsetzen konnte. Mit 22 beschloss ich, nach San Francisco zu ziehen. Eine Woche, bevor es losging, hatte ich mein Coming-out bei meinen Eltern – und reiste mit viel weniger Gepäck auf der Seele, dafür aber mit der ganzen Liebe und Akzeptanz meiner Familie ab. In San Francisco angekommen, fand ich online eine Freundin, die mich ihrem gesamten Netzwerk an queeren Freunden vorstellte. Die wiederum führten mich in die LGBTQ+ Community der Gegend ein, nahmen mich zu meiner ersten Pride-Veranstaltung mit, aßen in all den Restaurants, in denen ich ausgebildet wurde, hielten mich bei jeder einzelnen *Top Chef*-Folge bei der Stange und trösteten mich bei Liebeskummer und Herzschmerz. Heute nenne ich diese Community meine Familie, und ab und zu versammeln wir uns um einen Tisch, um uns auszutauschen und Teigtaschen zu wickeln.

1. Für die Wan Tan die Garnelen in erbsengroße Stücke hacken. In eine große Schüssel geben, Schweinehackfleisch, Speisestärke, Reiswein, Ingwer, Salz, Pfeffer sowie 2 Esslöffel Wasser dazugeben und alles gründlich vermengen.
2. Ein Backblech mit Speisestärke bestäuben. In die Mitte eines Teigblatts 1 Teelöffel der Füllung setzen, die Ränder des Teigblatts mit Wasser bestreichen und anschließend das Blatt zu einem Dreieck falten. Überschüssige Luft herauspressen und die Ränder gut verschließen. Die seitlichen Ecken wie eine Tortellini-Nudel umschlagen und zusammendrücken. Auf das Backblech legen und mit einem Geschirrtuch bedecken, damit die Teigtasche nicht austrocknet. Mit den restlichen Teigblättern und der restlichen Füllung ebenso verfahren; die fertigen Wan Tan sollten sich auf dem Backblech nicht berühren.
3. In einem großen Topf Wasser zum Kochen bringen.
4. In der Zwischenzeit für die Chilisauce in einer kleinen Schüssel Sojasauce, Essig, Chiliöl, Sesamöl, Ingwer und Zucker verrühren. Bis zum Servieren beiseitestellen.
5. Die Wan Tan portionsweise ins kochende Wasser geben und 2 bis 3 Minuten darin garen, bis sie oben schwimmen. Mit einem Schaumlöffel aus dem Wasser heben und auf eine Servierplatte geben.
6. Die Wan Tan mit der Chilisauce beträufeln und mit Frühlingszwiebeln sowie nach Belieben mit Sesamsamen und gebratenem Knoblauch garniert servieren.

Rinder-Braciole

mit cremiger, weicher Polenta

Anna Hieronimus & Elise Kornack

Für 4 Portionen

Rinder-Braciole

- 50 g **Semmelbrösel**
- 4 **Knoblauchzehen**, abgezogen und fein gehackt
- 50 g **Pecorino Romano**, gerieben + etwas mehr zum Servieren
- 35 g **Pinienkerne**, gehackt
- 35 g helle **Rosinen**
- 2 EL **Petersilie**, gehackt
- 4 EL **Olivenöl**
- 2 EL **Meer-** oder **Steinsalz** + etwas mehr zum Abschmecken
- ½ TL **schwarzer Pfeffer**, frisch gemahlen
- 1 TL **Chiliflocken**
- ½ TL **Fenchelsamen**, geröstet und gemahlen
- 1 **Flanksteak**, ca. 850 g
- 240 ml trockener **Weißwein**
- 450 g **passierte Tomaten**
- 5 g **Basilikumblätter**, zerzupft

Polenta

- 120 g **Maisgrieß**
- 240 ml **Milch**
- 50 g **Pecorino Romano**, gerieben
- 1 EL **Butter**
- **Meer-** oder **Steinsalz**
- 1 Prise **schwarzer Pfeffer**, frisch gemahlen

Dieses Rezept wird immer einen besonderen Platz in meinem Herzen einnehmen. Auf dem Nachhauseweg von einem neuen Job – der Leitung eines Geschäfts im West Village – fühlte ich mich von den Aufgaben, die da auf mich zukamen, absolut überfordert, und ich sehnte mich nach einem ruhigen Abend mit Elise. Als ich die Wohnungstür öffnete, stieg mir der Duft von geröstetem Knoblauch in die Nase, und auf dem wunderschön gedeckten Tisch brannten Kerzen. Ich wusste die Mühe wirklich zu schätzen, war aber alles andere als in romantischer Stimmung und hatte Angst, Elise zu enttäuschen. Sie reichte mir ein Glas Wein und fragte, wie der erste Tag gewesen war – woraufhin ich in Tränen ausbrach. Statt jedoch frustriert zu sein, dass sie ihre romantischen Pläne für den Abend über Bord werfen konnte, hörte Elise mir geduldig zu. Sie ermutigte und tröstete mich – und versicherte mir so, dass das Abendessen und die Nacht, die sie sich vorstellte, warten konnten. Und genau in diesem Augenblick wurde mir bewusst, dass ich sie liebe. Stunden später, nachdem ich zur Ruhe gekommen war, machten wir uns über die Braciole her. Ebenso wie Elise mir Trost gespendet hatte, tröstete dieses Gericht meinen Magen. Und so wird uns dieses Rezept immer an jenen Abend erinnern – den Abend, an dem Anna sich in Elise verliebt hat.

1. Den Backofen auf 175 °C vorheizen.
2. Für die Rinder-Braciole Semmelbrösel, Knoblauch, Pecorino, Pinienkerne, Rosinen, Petersilie, 2 Esslöffel Olivenöl, Salz, Pfeffer, Chiliflocken und gemahlene Fenchelsamen in einer mittelgroßen Schüssel verrühren.
3. Das Flanksteak auf der sauberen Arbeitsfläche ausbreiten und gleichmäßig mit der Semmelbröselmischung bedecken. Das Steak von einer kurzen Seite her zylinderförmig aufrollen und mit Küchengarn fixieren. Das aufgerollte Steak außen mit Salz würzen.
4. Das restliche Olivenöl in einem großen, schweren, feuerfesten Topf bei mittlerer bis hoher Temperatur erhitzen. Das aufgerollte Steak hineingeben und unter gelegentlichem Wenden 6 Minuten rundum in dem Öl anbraten. Wein und passierte Tomaten hinzufügen und aufkochen lassen.
5. Den Topf lose mit Alufolie bedecken und in den vorgeheizten Ofen stellen. Das Fleisch etwa 1 Stunde im Ofen garen, bis es zart ist; dabei alle 15 Minuten wenden und mit der Sauce bestreichen. Nach 1 Stunde die Alufolie entfernen und den Braten offen weitere 15 Minuten garen, bis das Fleisch sehr zart ist.
6. In der Zwischenzeit für die Polenta 720 Milliliter Wasser in einem mittelgroßen Topf bei mittlerer bis hoher Temperatur zum Kochen bringen. Den Maisgrieß einrieseln lassen und dabei etwa 2 Minuten kontinuierlich rühren, damit sich keine Klümpchen bilden. Die Hitze auf niedrig reduzieren und die Polenta zugedeckt 30 Minuten köcheln lassen; dabei häufig umrühren, damit sie nicht am Topfboden haften bleibt.

7 Milch, Pecorino und Butter zur Polenta geben und glatt rühren. Mit Salz und Pfeffer würzen. Den Topf vom Herd nehmen und die Polenta bis zum Servieren zugedeckt warm stellen.

8 Die Braciole aus dem Topf nehmen und mit einem scharfen, gezackten Messer in Scheiben schneiden. Die Polenta auf 4 Teller verteilen, das Fleisch darauf anrichten und mit der Sauce begießen. Mit Basilikum und geriebenem Pecorino Romano garniert sowie nach Belieben mit schwarzem Pfeffer bestreut servieren.

Kichererbsen-Chorizo-Rigatoni

mit Manchego und Panko

Gabriella Vigoreaux

Für 4 Portionen

Meer- oder **Steinsalz**

3 EL **Olivenöl**

½ TL **Pimentón de la Vera** (geräuchertes Paprikapulver aus Spanien)

40 g **Panko** (japanisches Paniermehl)

225 g **Chorizo** ohne Haut

3 **Knoblauchzehen**, abgezogen und zerdrückt

1 Dose **Kichererbsen** à 425 g, abgegossen und abgespült

375 g passierte **Tomaten**

2 große Bund **Palmkohl**, entstielt und gehackt

340 g **Rigatoni**

85 g **Manchego**, fein gerieben + etwas mehr zum Servieren

glatte **Petersilie**, gehackt, zum Garnieren

Wenn du diesen Text liest, schwitzen meine Freundin Diana und ich wahrscheinlich gerade in der Küche, um Rezepte für unser Restaurant in Old San Juan in Puerto Rico zu testen. Wir sind uns 2018 im Smith Canteen in Brooklyn begegnet, dem mittlerweile geschlossenen Café, wo ich Diana als Backhilfe anheuerte. Als der Winter kam, gingen wir miteinander aus, wohnten praktisch schon zusammen und hatten vor, nach Puerto Rico zu ziehen und dort gemeinsam ein Restaurant zu eröffnen. Ja, wir waren schon ziemlich schnell! Mit dem eigenen Partner zu arbeiten ist interessant, für mich aber in erster Linie die Möglichkeit, mehr Zeit mit Diana zu verbringen. Bei vielen unserer »Rendezvous« testen wir Rezepte für unser Restaurant. Das hier gehört zu meinen Lieblingsrezepten, weil es Dianas italienisches Erbe und die spanischen Aromen, mit denen ich aufgewachsen bin – etwa rauchiger *pimentón de la Vera* oder würziger Manchego –, perfekt vereint. Und genau so etwas möchte ich irgendwann in unserem Restaurant servieren.

1. In einem großen Topf großzügig gesalzenes Wasser bei hoher Temperatur zum Kochen bringen.
2. In der Zwischenzeit 1 Esslöffel Olivenöl in einer kleinen Pfanne bei mittlerer bis hoher Temperatur erhitzen. Pimentón de la Vera hineingeben und unter häufigem Rühren etwa 30 Sekunden anbraten, bis das Paprikapulver zu duften beginnt. Panko sowie 1 Prise Salz hinzufügen und unter Rühren etwa 3 Minuten mitrösten. Die Mischung zum Entfetten auf einen mit Küchenkrepp belegten Teller geben.
3. In einem Schmortopf oder einem anderen großen, schweren Topf 1 Esslöffel Olivenöl bei mittlerer bis hoher Temperatur erhitzen. Die Chorizo hineingeben und in 5 bis 7 Minuten krümelig braten. Ebenfalls zum Entfetten auf einen mit Küchenkrepp belegten Teller geben.
4. Das restliche Olivenöl mit dem Knoblauch in den Schmortopf geben und den Knoblauch unter Rühren in etwa 2 Minuten goldbraun braten. Kichererbsen, passierte Tomaten und Chorizo dazugeben und kurz erwärmen. Den Palmkohl sowie ½ Teelöffel Salz unterrühren und 2 bis 3 Minuten mitgaren.
5. In der Zwischenzeit die Rigatoni in dem kochenden Wasser nach Packungsanleitung al dente garen. Anschließend die Nudeln abgießen, dabei 240 Milliliter des Kochwassers auffangen.
6. Die Nudeln sowie den Manchego zur Kichererbsen-Chorizo-Mischung geben und alles gründlich vermengen. Sollte die Mischung zu trocken wirken, nach und nach das aufgefangene Kochwasser unterrühren.
7. Die Pasta auf 4 Teller verteilen und mit Panko, weiterem Manchego sowie Petersilie bestreut servieren.

Frühstücksburrito-Kartoffelsalat

Jonathan Melendez

Für 6–8 Portionen

900 g junge **rote Kartoffeln** (z. B. Sorte Linda), gewaschen

Meer- oder **Steinsalz**

3 mittelgroße **Weizentortillas**, in 5 cm lange Streifen geschnitten

2 EL **Pflanzenöl**

6 Scheiben dick geschnittener **Bacon**, gewürfelt

4 **Eier** (Größe L)

1 kleine **Zwiebel**, abgezogen und in Würfel geschnitten

1 kleine **rote Paprikaschote**, vom Kerngehäuse befreit und in Würfel geschnitten

1 kleine **grüne Paprikaschote**, vom Kerngehäuse befreit und in Würfel geschnitten

¼ TL **schwarzer Pfeffer**, frisch gemahlen + etwas mehr zum Abschmecken

½ TL **granulierter Knoblauch**

230 g **Mayonnaise**

½ TL **Cayennepfeffer**

¼ TL **Chilisauce** + etwas mehr zum Servieren

55 g geriebener **Cheddar**

4 **Frühlingszwiebeln**, in feine Ringe geschnitten

Salsa nach Wahl

Mein Mann und ich lieben Frühstücksburritos so sehr, dass wir es zu unserer Mission gemacht haben, alle Frühstücksburritos im Großraum Los Angeles zu probieren. Man könnte uns sogar Frühstücksburrito-Connaisseurs nennen – sicherlich hält mein Mann sich für einen. Wir sind zwar nicht einer Meinung, welches der beste Frühstücksburrito ist, doch gehört er auf jeden Fall zu den vielen Speisen, die uns noch enger zusammenbringen. Und es ist schon komisch: Den Frühstücksburrito essen wir immer auswärts, obwohl er sich doch so leicht selbst zu Hause zubereiten lässt. Dieser Kartoffelsalat ist eine Hommage an eines unserer allerersten Dates: Wir machten im Januar ein Picknick im Park – einer der vielen Gründe, warum wir den Winter in Los Angeles lieben –, für das ich ein paar Sandwiches, Kartoffelsalat, etwas Obst und natürlich Wein eingepackt hatte. Seit damals machen wir so oft wie möglich Picknicks, für die ich stets neue und interessante Gerichte zu erfinden versuche. Die Tatsache, dass dieser Kartoffelsalat an einen Frühstücksburrito erinnert, macht ihn obendrein zu etwas ganz Besonderem.

1. Den Backofen auf 220 °C vorheizen und drei Backbleche – oder so viele eben vorhanden sind – mit Backpapier belegen.
2. Die Kartoffeln in einen großen, mit reichlich kaltem Wasser gefüllten Topf geben. Mit Salz würzen und bei hoher Temperatur zum Kochen bringen. Anschließend die Hitze auf niedrig reduzieren und die Kartoffeln 20 bis 25 Minuten köcheln lassen. Abgießen und etwas abkühlen lassen.
3. Die Tortillastreifen gleichmäßig auf einem der Backbleche verteilen. Mit Pflanzenöl beträufeln und mit Salz würzen. Alles noch einmal gründlich vermengen und die Tortillastreifen anschließend 8 bis 10 Minuten goldbraun und knusprig im Ofen rösten. Die Tortillastreifen aus dem Ofen nehmen, den Ofen aber eingeschaltet lassen.
4. Die Baconwürfel in eine kalte mittelgroße Pfanne geben und dann bei mittlerer Hitze sowie unter häufigem Rühren in etwa 8 Minuten knusprig braten. Mit einem Schaumlöffel herausheben und zum Abtropfen auf einen mit Küchenkrepp belegten Teller geben. 6 Esslöffel des ausgelassenen Baconfetts aufheben, den Rest entsorgen.
5. In der Zwischenzeit in einem kleinen Topf Wasser bei hoher Temperatur zum Kochen bringen. Mithilfe eines Schaumlöffels vorsichtig die Eier ins kochende Wasser geben. In 6 Minuten darin glasig kochen und anschließend sofort in ein Eisbad legen. Etwas abkühlen lassen, dann pellen und beiseitestellen.

6 Die Kartoffeln einzeln mit einem flachen Spatel oder dem Boden eines Messbechers leicht andrücken. Die angedrückten Kartoffeln anschließend mit den Händen in größere Stücke brechen. Die Stücke auf den restlichen beiden Backblechen verteilen, die Zwiebel- sowie die Paprikawürfel dazugeben und das Gemüse mit dem aufbewahrten Baconfett beträufeln. Mit Salz, dem Pfeffer und dem granulierten Knoblauch würzen, gründlich vermengen und wieder gleichmäßig verteilen. Das Ganze 20 bis 25 Minuten im Ofen rösten, bis die Kartoffeln knusprig und die Zwiebel- sowie Paprikawürfel weich sind. Nach der Hälfte der Garzeit wenden. Aus dem Ofen nehmen, in eine große Schüssel geben und etwas abkühlen lassen.

7 In einer kleinen Schüssel Mayonnaise, Cayennepfeffer und Chilisauce mit je 1 Prise Salz und Pfeffer verrühren. Die Hälfte der Sauce mit dem Käse, der Hälfte des Bacons und der Hälfte der Frühlingszwiebeln über die Kartoffelmischung geben. Vorsichtig vermengen.

8 Die restliche Sauce auf einer großen Servierplatte verteilen. Den Kartoffelsalat daraufgeben und den restlichen Bacon sowie die restlichen Frühlingszwiebeln darüberstreuen. Die Eier halbieren und mit den Tortillastreifen auf dem Kartoffelsalat anrichten. Salsa nach Wahl und weitere Chilisauce dazu servieren.

Tagliatelle mit Lammbolognese

Ollie Walleck

Für 4 Portionen

90 g **Meer-** oder **Steinsalz** + etwas mehr zum Abschmecken

2 EL **Olivenöl**

450 g **Lammhackfleisch**

70 g **gekochter Schinken**, fein gehackt

1 TL **Chiliflocken**

1 mittelgroße **Zwiebel**, abgezogen und in Würfel geschnitten

1 **Fenchelknolle**, in Würfel geschnitten

3 **Knoblauchzehen**, abgezogen und fein gehackt

3 Zweige **Rosmarin**

2 Zweige **Thymian**

2 **Lorbeerblätter**

180 g **Tomatenmark**

480 ml trockener **Weißwein**

950 ml **Hühnerbrühe**

450 g **Tagliatelle** oder **Fettuccine**

3 EL kalte **Butter**

100 g **Parmesan**, gerieben

Ich bin in den späten 1990er Jahren im nordöstlichen Ohio aufgewachsen, und meine Lieblingsabende waren diejenigen, an denen wir alle zusammen – meine Mom, mein Stiefvater, meine drei unglaublichen Geschwister und ich – am Tisch saßen und uns Moms Lammbolognese schmecken ließen. Und obwohl ich mittlerweile schon seit fast zehn Jahren Profikoch bin, übertrifft meine Mom mich immer noch in der Zubereitung dieses Gerichts. Noch lange nach meinem Outing suchte ich nach der richtigen Sprache, in der ich mein Trans-Sein ausdrücken konnte. Meine Familie hat nie gezögert, mir ihre Liebe und Zuneigung zu zeigen, weder vor noch nach meiner körperlichen Umwandlung. Sie war mir immer ein starkes Netzwerk der Unterstützung. Dieses Rezept liebe ich, weil es seine Zeit dauert, die verschiedenen Aromenschichten aufzubauen; doch ist das Gericht fertig, hat es Tiefe, ohne schwer zu sein. Es ist die perfekte Pasta, um ein Gemeinschaftsgefühl in der Küche zu erzeugen und das ganze Haus mit Wärme und Herzlichkeit zu füllen.

1. Einen großen Topf mit Wasser füllen, Salz hineingeben und bei hoher Temperatur zum Kochen bringen. Die Hitze auf mittel bis niedrig reduzieren und das Wasser leicht köcheln lassen, während die Sauce zubereitet wird.
2. Das Olivenöl in einem großen, breiten Topf bei mittlerer Temperatur erhitzen. Das Lammhackfleisch hineingeben und in etwa 8 Minuten halb gar braten. Mit einem Schaumlöffel herausheben und auf einen Teller geben; das ausgelassene Fett hingegen im Topf lassen.
3. Schinken und Chiliflocken in den Topf geben und etwa 2 Minuten braten, bis der Schinken Fett abgegeben hat. Zwiebel, Fenchel, Knoblauch, Rosmarin, Thymian und Lorbeer hinzufügen. 8 bis 10 Minuten mitdünsten, bis das Gemüse weich ist und sich die Kräuter von den Zweigen lösen. Das Tomatenmark dazugeben und kräftig unterrühren. Etwa 3 Minuten weiterbraten, bis das Tomatenmark eine dunkel rostrote Farbe annimmt und am Topfboden haften zu bleiben beginnt.
4. Mit Wein ablöschen, dabei den Bratensatz lösen. Die Hühnerbrühe angießen. Das Lammfleisch wieder in den Topf geben und nur kurz verrühren. Die Mischung zum Kochen bringen, dann die Hitze auf niedrig reduzieren und alles 25 bis 30 Minuten köcheln lassen, bis es eindickt. Kräuterzweige und Lorbeerblätter herausfischen und entsorgen. Mit Salz abschmecken.
5. Das Wasser wieder zum Kochen bringen und die Nudeln darin nach Packungsanleitung al dente garen. Abgießen und dabei 120 Milliliter Kochwasser auffangen.
6. Die Butter und die Hälfte des Parmesans rasch unter die Sauce rühren. Die Nudeln sowie das aufgefangene Kochwasser dazugeben und alles sanft vermengen. Auf 4 Teller verteilen und mit dem restlichen Parmesan bestreut servieren.

Frittierte grüne Tomaten

mit Grüne-Tomaten-Marmelade

Kristopher Edelen

Für 4 Portionen

2 **Eier** (Größe L)

2 EL **Buttermilch**

75 g **Mehl**

Meersalz und **schwarzer Pfeffer**, frisch gemahlen

90 g grober **Maisgrieß**

2 mittelgroße **grüne Tomaten**, in etwa 8 Scheiben geschnitten

neutrales **Pflanzenöl**, z. B. Rapsöl, zum Frittieren

170 g **Pimento-Cheese-Aufstrich**, selbst gemacht *(Rezept siehe S. 27)* oder gekauft

8 – 10 dicke Scheiben **Bacon** oder **Bauchspeck**, gehackt und gebraten

Grüne-Tomaten-Marmelade *(Rezept siehe S. 71)*

Vor der Gründung meiner eigenen Foodfirma habe ich in gehobenen Restaurants gearbeitet. Als junger Koch bahnte ich mir meinen Weg durch verschiedene Küchen und eignete mir wertvolle Fähigkeiten an. Doch wie wir alle wissen, geht es in der Kochbranche mitunter ziemlich rau zu, neue Ideen und ein frischer Blick sind dort vielfach unerwünscht. Und so sah ich mich als queerer schwarzer Koch nicht immer akzeptiert und hatte das Gefühl, nicht wirklich ich selbst sein zu können. Deshalb gründete ich meine eigene Firma: nicht nur um meine Küche bekannt zu machen, sondern auch um einen sicheren Raum zu schaffen, in dem sich Menschen, die zu einer Randgruppe gehören, ausdrücken können. Meine Pop-up-Dinner sollen frei von Vorurteilen, destruktiver Kritik, Konflikten und Aggression sein. Dieses Rezept für frittierte grüne Tomaten erinnert mich immer an meine Kindheit im Mittleren Westen, außerdem ist es leicht zuzubereiten. Als Topping dient eine süß-pikante Grüne-Tomaten-Marmelade, die die Üppigkeit der knusprig frittierten und mit Bacon garnierten Tomatenscheiben ausgleicht. Bei meinen Pop-up-Dinnern sorgt dieses Gericht immer für ein wunderbares Gemeinschaftsgefühl.

1. Eier und Buttermilch in einer mittelgroßen Schüssel verquirlen. In einer zweiten mittelgroßen Schüssel das Mehl mit je 1 Prise Meersalz und schwarzem Pfeffer verrühren. Den Maisgrieß in eine dritte mittelgroße Schüssel geben.
2. Die Tomatenscheiben auf beiden Seiten leicht mit Pfeffer würzen und anschließend in der Mehlmischung wenden. Überschüssiges Mehl sanft abklopfen. Die Tomatenscheiben in die Eiermischung tauchen, abtropfen lassen und zuletzt in dem Maisgrieß wenden. Auf einen Ofenrost in einem tiefen Backblech legen.
3. Eine große, tiefe Pfanne etwa zur Hälfte mit Öl füllen und dieses bei mittlerer bis hoher Temperatur auf 175 °C erhitzen. Die panierten Tomatenscheiben portionsweise in dem heißen Öl frittieren; sie sollten auf beiden Seiten goldbraun sein, das dauert insgesamt rund 3 Minuten. Auf dem mit Küchenkrepp belegten Ofenrost abtropfen und leicht abkühlen lassen. Beim Frittieren darauf achten, dass die Temperatur des Öls immer etwa 175 °C beträgt.
4. Die frittierten grünen Tomaten auf einer Platte anrichten. Auf jede Scheibe einen Klecks Pimento-Cheese-Aufstrich geben und den Bacon darüberstreuen. Die Grüne-Tomaten-Marmelade dazu servieren.

Grüne-Tomaten-Marmelade

Für ca. 500 g

4 – 6 mittelgroße **grüne Tomaten**, ca. 900 g

115 g **Zucker**

abgeriebene Schale und Saft von 1 **Bio-Zitrone**

1 TL **Meersalz**

¼ TL **schwarzer Pfeffer**, frisch gemahlen

¼ TL **geräuchertes Paprikapulver**

1 In einem mittelgroßen Topf Wasser zum Kochen bringen. Eine große Eisbadschüssel bereitstellen.

2 In die Tomaten an ihrer Unterseite jeweils ein großes X schneiden. Die Tomaten für etwa 3 Minuten ins kochende Wasser geben und anschließend sofort ins Eisbad legen. Die abgekühlten Tomaten von Hand häuten. Die Haut sollte sich leicht lösen lassen.

3 Die Tomaten grob hacken und in einen großen Topf geben. Zucker, Zitronenschale sowie Zitronensaft, Salz, Pfeffer und Paprikapulver hinzufügen. Gründlich verrühren und die Mischung anschließend 20 Minuten stehen lassen, bis die Tomaten etwas Wasser gezogen haben.

4 Die Mischung bei mittlerer bis hoher Temperatur unter gelegentlichem Rühren zum Kochen bringen. Dann die Hitze auf mittel bis niedrig reduzieren und die Mischung unter gelegentlichem Rühren etwa 1 Stunde köcheln lassen, bis sie eindickt. Hat sie eine marmeladenähnliche Konsistenz erreicht, den Topf vom Herd nehmen.

5 Die Grüne-Tomaten-Marmelade zu den frittierten grünen Tomaten servieren. In einem verschlossenen Glas hält sie sich im Kühlschrank bis zu 2 Wochen.

Geflügel

★ Ingwer-Knoblauch-Puten-Bowls

mit Rosenkohlchips

Jesse Tyler Ferguson

Für 2–3 Portionen

225–285 g **Rosenkohlblätter** (von ca. 450 g Rosenkohl)

2 EL **Olivenöl extra vergine**

Meer- oder **Steinsalz**

1 EL **Knoblauch**, fein gehackt, von ca. 4 kleinen Knoblauchzehen

1½ EL frischer **Ingwer**, gehackt

450 g **Putenhackfleisch**, vorzugsweise dunkles Fleisch

60 ml **Hühnerbrühe**

120 ml **Coco-Aminos-Würzsauce** oder natriumarme **Sojasauce**

2–3 EL **Sriracha** (Chilisauce)

2 EL **Reisessig**

70 g **Rotkohlraspel**

2 **Frühlingszwiebeln**, fein gehackt

Jasminreis oder **Blumenkohl-»Reis«**, gekocht

Limettensaft, frisch gepresst, oder **Limettenspalten**

Dieses Gericht nimmt einen besonderen Platz in meinem Herzen ein, weil ich es zum 50. Hochzeitstag meiner Schwiegereltern für sie zubereitete. Mein Mann Justin und ich haben 2013 geheiratet, rund einen Monat nachdem gleichgeschlechtliche Partner in Kalifornien heiraten durften. Dass für dieses Recht so hart gekämpft worden war, machte unseren Hochzeitstag emotional noch bewegender – wir halten unsere Ehe auch heute noch für alles andere als selbstverständlich. Jede Verbindung hat ihre schwierigen Tage und weniger guten Zeiten, und so bedeuten Vorbilder wie Justins Eltern mir sehr viel: Ich kann mir kein besseres Paar vorstellen, das es bis zur goldenen Hochzeit geschafft hat. Eines Tages, so hoffen wir, werden auch Justin und ich unseren Kindern mit solch gutem Beispiel vorangehen. Wir haben Mike und Kris Mikita mit diesem Gericht gefeiert. Normalerweise bereite ich es mit Rinderhackfleisch zu, aber da Kris kein rotes Fleisch isst, habe ich es durch dunkles Putenfleisch ersetzt – was tatsächlich noch besser schmeckt! Und weil Justin auf Paleo steht, habe ich Blumenkohl-»Reis« dazu serviert. Das Rezept lässt sich wunderbar abwandeln, ich habe es auch schon mit Kopfsalatblättern, weißem Reis und Quinoa zubereitet – obwohl es diese Beilagen eigentlich gar nicht braucht.

1. Den Backofen auf 175 °C vorheizen.
2. Die Rosenkohlblätter in eine große Schüssel geben, mit 1 Esslöffel Olivenöl beträufeln und gründlich vermengen. Die Blätter gleichmäßig auf einem Backblech verteilen und 10 bis 15 Minuten im Ofen goldbraun und knusprig rösten. Nach der Hälfte der Röstzeit wenden. Aus dem Ofen nehmen, mit 1 Prise Salz bestreuen und beiseitestellen.
3. Das restliche Olivenöl bei mittlerer bis hoher Temperatur in einer großen gusseisernen Pfanne erhitzen. Knoblauch und Ingwer hineingeben und etwa 1 Minute braten, bis die Gewürze zu duften beginnen. Das Putenhackfleisch hinzufügen, mit 1 Prise Salz würzen und unter gelegentlichem Rühren rund 5 Minuten durchbraten.
4. Brühe, Coco-Aminos-Würzsauce, Sriracha und Reisessig angießen und alles gut verrühren, dabei den Bratensatz vom Pfannenboden lösen. Die Rotkohlraspel unterrühren und 3 bis 5 Minuten mitbraten, bis sie welk geworden sind. Die Pfanne vom Herd nehmen und die Frühlingszwiebeln mit der Fleischmischung vermengen.
5. Den Reis auf 2 bis 3 Schalen verteilen, die Fleischmischung darauf anrichten und mit den gerösteten Rosenkohlblättern garnieren. 1 großzügigen Spritzer Limettensaft darübergeben oder Limettenspalten an den Rand legen und servieren.

Dry-Rub-Grillhähnchen

Ben Mims

Für 4 Portionen

1 ganzes **Hähnchen** (1,5 – 2 kg)

2 EL **Meer-** oder **Steinsalz**

2 EL **dunkler brauner Zucker**

1 EL **edelsüßes Paprikapulver**

2 TL getrockneter **Oregano**

2 TL **schwarzer Pfeffer**, frisch gemahlen

1½ TL **Knoblauchpulver**

1 TL **Zwiebelpulver**

1 TL getrockneter **Thymian**

1 TL **Senfpulver**

½ TL **Kreuzkümmel**, gemahlen

¼ TL **Cayennepfeffer**

¼ TL **Fenchelsamen**, gemahlen (optional)

4 EL **Butter**, zerlassen

Weißbrotscheiben, **Baked Beans** und **Krautsalat**

Ich bin in Mississippi aufgewachsen, deshalb gehört das Grillen seit je zu meinem Leben. Es gab natürlich Pulled Pork und Beef Brisket – gegrillte geräucherte Rinderbrust –, am liebsten aber mochte ich das Grillhähnchen mit Baked Beans, scharfem Krautsalat und einer Scheibe Weißbrot. So hat es mein Baseballteam im Frühjahr immer angeboten, um Geld für den Verein zu sammeln. Mein Freund – der ebenfalls aus dem Süden stammt – und ich haben uns praktisch beim Grillen kennengelernt. Deshalb ist es für uns auch heute noch ein besonderes Essen, das wir uns zu bestimmten Anlässen wie etwa dem Valentinstag gönnen. Können wir draußen nicht grillen, versuche ich trotzdem, dem Gericht meines Baseballteams möglichst nahezukommen: mit einem Brathähnchen, das wie in Memphis mit Unmengen von Gewürzen eingerieben wird. Der Dry Rub – die Trockengewürzmischung – hat in der Stunde, in der das Hähnchen im Kühlschrank zieht, ausreichend Zeit, das Fleisch zu aromatisieren. Nach dem Garen wird er für den Extrakick würziger Knusprigkeit noch einmal über das Hähnchen gestreut.

1. Einen Ofenrost in ein tiefes Backblech legen und bereitstellen.
2. Das Hähnchen auf ein großes Schneidbrett legen und mit einer Küchenschere beidseits des Rückgrats entlangschneiden. Das Rückgrat entfernen und entsorgen. Das Hähnchen mit der Brustseite nach oben auf das Schneidbrett legen und durch Pressen auf das Brustbein flach drücken.
3. Salz, braunen Zucker, Paprikapulver, Oregano, Pfeffer, Knoblauch- und Zwiebelpulver, Thymian, Senfpulver, Kreuzkümmel, Cayennepfeffer sowie nach Belieben gemahlene Fenchelsamen in einer mittelgroßen Schüssel verrühren. 1 Esslöffel der Mischung in eine kleine Schüssel geben und beiseitestellen.
4. Die Butter zum Dry Rub in der größeren Schüssel gießen und alles gründlich verrühren. Anschließend das Hähnchen von Hand rundum mit der Butter-Gewürz-Mischung einreiben. Das Hähnchen mit der Hautseite nach oben auf den Ofenrost legen und mindestens 1 Stunde oder über Nacht in den Kühlschrank stellen.
5. Den Backofen auf 220 °C vorheizen.
6. Das Hähnchen etwa 1 Stunde im Ofen goldbraun und knusprig rösten, bis ein ins Brustfleisch gestecktes Küchenthermometer 70 °C anzeigt.
7. Das Hähnchen auf einen zweiten, sauberen Ofenrost in einem weiteren tiefen Backblech legen und mit dem beiseitegestellten Dry Rub bestreuen. Lose mit Alufolie bedecken, gut 15 Minuten ruhen lassen und portionieren.
8. Die Hähnchenteile mit Weißbrot, Baked Beans und Krautsalat servieren.

★ Spaghetti mit Pute-Ricotta-Fleischbällchen

Julia Turshen

Für 4 Portionen

4 EL **Olivenöl extra vergine**

6 **Knoblauchzehen**, abgezogen und fein gehackt

1 Dose **stückige Tomaten** à 800 g

1 TL **Meer-** oder **Steinsalz** + etwas mehr zum Abschmecken

schwarzer Pfeffer, frisch gemahlen

10 g **Basilikumblätter**, fein gehackt

30 g **Petersilie**, fein gehackt

200 g **Ricotta**

25 g **Parmesan**, fein gerieben + etwas mehr zum Servieren

450 g **Putenhackfleisch**, zimmerwarm

450 g **Spaghetti**, nach Packungsanleitung al dente gegart

Die Fleischbällchen sind das Erste, das ich je für meine Frau Grace gekocht habe. Ich kann zwar nicht garantieren, dass sie immer eine Ehe nach sich ziehen, doch eignen sie sich auf jeden Fall hervorragend, um den Liebsten oder die Liebste zu verwöhnen. Diese Geschichte in meinem ersten Solo-Kochbuch zu erzählen war natürlich volle Absicht und fühlte sich wie ein kleiner und trotzdem enorm wichtiger Sieg an. Kochbücher besitzen die erstaunliche Fähigkeit, alles, was als anders abgestempelt wurde, in die Normalität zurückzuholen. Meine Liebe für meine Frau mit diesen Fleischbällchen zu verknüpfen war fast so, als würde jedes Mal, wenn jemand das Gericht zubereitet, unsere persönliche kleine Pride-Flagge gehisst. Die fertigen Fleischbällchen lassen sich mitsamt Sauce übrigens wunderbar einfrieren und, wann immer etwas Tröstliches gebraucht wird, wieder auftauen und aufwärmen. So macht es Grace, wenn ich auf Reisen bin – dann fühlen wir uns trotz der Entfernung miteinander verbunden. Man könnte es auch so formulieren: Fleischbällchen gehören schlicht zu unserem Liebesvokabular.

1 Den Backofen auf 220 °C vorheizen und ein Backblech mit Alufolie belegen. Die Folie mit 2 Esslöffel Olivenöl beträufeln und das Öl mit den Händen gleichmäßig darauf verteilen.

2 Das restliche Olivenöl in einem großen Topf bei mittlerer bis hoher Temperatur erhitzen. Knoblauch hineingeben und unter Rühren etwa 1 Minute in dem Öl anbraten. Die Tomaten sowie 1 sehr große Prise Salz hinzufügen und die Mischung aufkochen. Die Hitze auf niedrig reduzieren und die Sauce unter gelegentlichem Rühren etwa 30 Minuten köcheln lassen, bis sie leicht eindickt. Mit Salz abschmecken und mit Pfeffer würzen.

3 In der Zwischenzeit die restlichen fein gehackten Knoblauchzehen mit Basilikum, Petersilie, Ricotta, Parmesan, Putenhackfleisch und 1 Teelöffel Salz in eine große Schüssel geben und von Hand gründlich vermengen. Aus der Masse golfballgroße Fleischbällchen formen; da sie etwas klebrig ist, die Hände zwischendurch immer wieder anfeuchten. Die Fleischbällchen auf das vorbereitete Backblech legen, sie dürfen einander ruhig hier und da berühren.

4 Die Fleischbällchen rund 25 Minuten im Ofen garen, bis sie leicht gebräunt sind.

5 Mithilfe einer Zange oder eines Schaumlöffels die Fleischbällchen in die köchelnde Sauce geben; der auf dem Blech verbleibende Bratensaft sowie das Fett können entsorgt werden. Die Fleischbällchen noch einmal mindestens 10 Minuten in der Sauce simmern lassen, sie können dort sogar bis zu 1 Stunde bleiben.

6 Die Spaghetti auf einer großen Servierplatte anrichten, die Fleischbällchen mitsamt der Sauce daraufgeben und mit weiterem Parmesan bestreut servieren.

Grillhähnchen

mit Pfirsich-Dijonsenf-Glasur

Rick Martinez

Für 6–8 Portionen

- 1 ganzes **Hähnchen** (1,5 – 2 kg), ohne Rückgrat
- 6 TL **Meer-** oder **Steinsalz** + etwas mehr zum Abschmecken
- 1½ TL **schwarzer Pfeffer**, frisch gemahlen + etwas mehr zum Abschmecken
- 370 g **Pfirsiche** aus der Dose
- 3 EL **grobkörniger Dijonsenf**
- 2 EL **Apfelessig**
- 2 **Knoblauchzehen**, abgezogen und gerieben
- 80 ml + 2 EL **Olivenöl extra vergine** + etwas mehr zum Servieren
- 2 EL **Zitronensaft**, frisch gepresst
- 2 EL **Limettensaft**, frisch gepresst
- 2 EL **Orangensaft**, frisch gepresst
- 450 g gemischte **Zichorien**, z. B. Krause Endivie, Glattblättrige Endivie, Radicchio, Trevisano oder Friséesalat, in Blätter geteilt
- 4 große, reife **Pfirsiche**, entsteint und in Spalten geschnitten
- 300 g kleine **Tomaten**, gemischte alte Sorten, halbiert
- 5 g **Basilikumblätter**
- 5 g **Minzeblätter**
- 5 g **Petersilie**
- 2 EL **Schnittlauchröllchen**

Einmal im Jahr mieten meine Freunde und ich ein Haus in Pines auf Fire Island vor der Südküste von New Yorks Long Island. Angesichts des Rufs von Pines als Ort wilder Partys überrascht es vielleicht, dass ich dort am liebsten für meine Freunde und Nachbarn grille. Am Strand zu stehen und zu grillen – in der Badehose natürlich –, während hinter mir die Wellen brechen und die Sonne meine Haut bräunt, bedeutet mir einfach alles. Allein der Gedanke an dieses Szenario hält mich in kalten, dunklen Wintern am Leben. Bei dieser Abwandlung des Gerichts, das ich im Sommer zubereite, wird das Fleisch auf einem Salat aus Zichorien und frischen Kräutern serviert. Das sieht nicht nur toll aus und schmeckt fantastisch, es kann auch im Voraus zubereitet werden; so kann ich in aller Ruhe mit meinen Freunden Tee trinken und später trotzdem acht hungrige Mäuler stopfen, die Energie für die Party brauchen.

1. Das Hähnchen mit der Hautseite nach unten auf ein Schneidbrett legen. Mit einem scharfen Messer das Brustbein einschneiden. Das Hähnchen mit der Hautseite nach oben auf das Schneidbrett legen und durch Pressen auf das Brustbein flach drücken. Dabei sollte es deutlich hörbar knacken. Auf beiden Seiten großzügig mit 4 Teelöffel Salz und 1 Teelöffel Pfeffer würzen. Anschließend das Hähnchen mit der Hautseite nach oben auf einen Ofenrost in einem tiefen Backblech legen und 3 bis 12 Stunden kühl stellen.
2. Das Hähnchen aus dem Kühlschrank nehmen und vor dem Grillen 1 Stunde bei Zimmertemperatur ruhen lassen.
3. Pfirsiche aus der Dose, Senf, Essig, die Hälfte des Knoblauchs und 1 Teelöffel Salz in einen mittelgroßen Topf geben. Die Mischung bei niedriger bis mittlerer Hitze zum Kochen bringen und 8 bis 10 Minuten unter gelegentlichem Rühren dick und marmeladenartig einkochen lassen. Zugedeckt bis zum Glasieren des Hähnchens warm halten.
4. Den Grill zum Grillen bei mittlerer bis hoher indirekter Hitze vorbereiten (beim Holzkohlengrill die Holzkohle nur auf einer Seite des Grills aufschichten, beim Gasgrill eine bis zwei Flammen ausgeschaltet lassen). Die Haut des Hähnchens mit 2 Esslöffel Olivenöl bepinseln und das Hähnchen mit der Hautseite nach oben auf den Grill legen. Den Grill schließen, wobei sich die Lüftungsöffnung (wenn der Grill eine hat) über dem Hähnchen befinden sollte, damit die Hitze nach oben und über das Gargut gezogen wird. Das Hähnchen in 25 bis 30 Minuten goldbraun grillen, dabei nach Bedarf wenden, sodass es gleichmäßig bräunt.
5. Das Hähnchen auf der Hautseite großzügig und sorgfältig mit der Glasur bepinseln. Zugedeckt etwa weitere 5 Minuten grillen, bis die Haut glasig und hellbernsteinfarben ist. Das Glasieren zweimal wiederholen; danach sollte die Haut hier und da stark gebräunt sein und ein Küchenthermometer an der dicksten Stelle der Brust 70 °C anzeigen.

6 Das Hähnchen auf ein Schneidbrett legen und mindestens 10 Minuten ruhen lassen. Anschließend in 6 bis 8 Stücke schneiden. Die restliche Glasur aufbewahren.

7 In einer kleinen Schüssel Zitronen-, Limetten- sowie Orangensaft mit dem restlichen Knoblauch, 80 Milliliter Olivenöl, 1 Teelöffel Salz und ½ Teelöffel Pfeffer zu einem Dressing verrühren. Mit weiterem Salz abschmecken.

8 Zichorien, Pfirsichspalten, Tomaten, Basilikum, Minze, Petersilie und Schnittlauch in eine Schüssel geben und mit der Hälfte des Dressings vermengen. Mit Salz und Pfeffer abschmecken. Kurz vor dem Servieren mit dem restlichen Dressing vermengen und mit etwas Olivenöl beträufeln.

9 Den Salat auf einer Platte anrichten und die Hähnchenstücke darauflegen. Die restliche Glasur dazu servieren.

Geschmorte Hähnchenkeulen

mit Tomate und Schälerbsen (Gheymeh)

Andy Baraghani

Für 4 Portionen

4 **Hähnchenkeulen** mit Knochen und Haut, ca. 700 g

Meer- oder **Steinsalz**

2 EL **Pflanzenöl** nach Belieben

1 große **Zwiebel**, abgezogen und fein gehackt

90 g **gelbe Schälerbsen**, abgespült

1 TL **Kurkumapulver**

½ TL **Zimt**, gemahlen

60 g **Tomatenmark**

4 **getrocknete Limetten** *(Limoo Amani)*, eingestochen *(siehe Tipp)*, oder abgeriebene Schale und Saft von 2 **Bio-Limetten**

Fladenbrot oder **gekochter Reis**

frische Kräuter, z. B. Petersilie, Minze, Dill, Koriander oder Estragon

TIPP *Für getrocknete Limetten werden frische Limetten in Salzwasser gekocht und dann an der Sonne getrocknet. Mit ihrem konzentrierten, vergorenen Geschmack eignen sie sich als Beigabe für Suppen und Eintöpfe. Man bekommt sie im Nahost-Spezialitätenladen oder online. Ganze getrocknete Limetten einige Male mit einem spitzen Messer einstechen, damit sie mehr Aroma abgeben. Alternativ können Schale und Saft frischer Limetten oder Zitronen sowie Sumach verwendet werden.*

Gheymeh **war ein Lieblingsgericht meines Großvaters; es ist eine Abwandlung von *khoresh*, einem iranischen Eintopf, der mit Lamm oder Rind zubereitet wird. Mein Großvater war ein religiöser Mann. Ich habe noch sehr lebhaft vor Augen, wie ich ihn fragte, was er von der gleichgeschlechtlichen Ehe halte. Ich muss damals etwa acht oder neun Jahre alt gewesen sein und war mir meiner schwulen Identität zwar noch nicht ganz bewusst, fühlte mich aber schon vom gleichen Geschlecht angezogen. Was genau er antwortete, weiß ich nicht mehr – ich spürte allerdings seine Missbilligung. In gewissem Sinne war diese Unterhaltung der erste Schritt im Prozess meines Coming-out. Jahre später, ich war 18, outete ich mich meiner Mutter und der erweiterten Familie gegenüber. Meinem Großvater aber sagte ich es nie offen, das wollte ich einfach nicht. Er entstammte einer anderen Zeit und glaubte an andere Dinge als ich; trotzdem liebte ich ihn sehr. Er starb im Dezember 2018, das *gheymeh* wird mich immer an ihn erinnern. Wir hatten unsere Differenzen, doch die Aromen in diesem Gericht haben uns immer wieder zusammengebracht.**

1. Die Hähnchenkeulen waschen, trocken tupfen und mit Salz würzen. 15 bis 60 Minuten bei Zimmertemperatur ruhen lassen.
2. Das Öl in einem großen Schmortopf bei mittlerer bis hoher Temperatur erhitzen. Die Hähnchenkeulen hineingeben – je nach Größe des Topfs portionsweise – und in 10 bis 12 Minuten auf beiden Seiten dunkelgoldbraun braten. Dabei falls nötig die Hitze reduzieren. Das Fleisch auf einen Teller geben, den Bratensaft im Topf lassen.
3. Die Hitze auf mittlere Temperatur reduzieren und die Zwiebel in den Topf geben. 8 bis 10 Minuten unter gelegentlichem Rühren anbraten, bis die Zwiebel sehr weich und an den Rändern leicht gebräunt ist. Schälerbsen, Kurkuma sowie Zimt hinzufügen und unter Rühren etwa 20 Sekunden mitbraten, bis die Gewürze zu duften beginnen. Das Tomatenmark dazugeben und unter gelegentlichem Rühren etwa 4 Minuten weiterbraten, bis das Tomatenmark am Topfboden haften bleibt.
4. 1½ Liter Wasser angießen und die Mischung zum Köcheln bringen. Die Hähnchenkeulen mitsamt den getrockneten Limetten wieder in den Topf geben. Mit Salz würzen. Die Hitze auf niedrig reduzieren, die Mischung sollte nun nur noch schwach köcheln. Alles halb zugedeckt unter gelegentlichem Rühren 60 bis 80 Minuten garen, bis das Fleisch fast vom Knochen fällt und die Sauce eingedickt ist.
5. Den Topf vom Herd nehmen. Die Limetten mit dem Rücken eines Holzlöffels an den Topfrand drücken und den Saft auspressen. Den Eintopf mit Salz abschmecken.
6. Mit Fladenbrot oder Reis und einem Teller voller frischer Kräuter servieren, die sich jeder nach Belieben über das Gericht streuen kann.

★ Selbst gemachtes Tandoori-Huhn

Nik Sharma

Für 6–8 Portionen

2,7 kg **Hähnchenunterschenkel**

250 g **Naturjoghurt**

120 ml **Zitronensaft**, frisch gepresst

120 g **rote Zwiebel**, abgezogen und gehackt

80 g **Rote Bete**, geschält und gehackt

4 **Knoblauchzehen**, abgezogen

5 cm frischer **Ingwer**, geschält und fein gehackt

1 TL **Kardamomkapseln**

2 TL **Kreuzkümmelsamen**

2 EL **Kurkumapulver**

2 EL **Koriandersamen**

12 **schwarze Pfefferkörner**

1 EL **Paprikapulver**

12 ganze **Gewürznelken**

4 getrocknete milde **rote Chilischoten**, z. B. Kashmiri

1½ EL **Meer-** oder **Steinsalz**

einige **Zitronenspalten**

Als ich entdeckte, dass ich schwul bin, entdeckte ich gleichzeitig auch Einsamkeit, Angst und Scham – zu einem Knäuel geballt, das unbedingt entwirrt werden musste. Ich hatte niemanden, dem ich mich hätte anvertrauen können, und stieß immer wieder auf Medienberichte über indische Männer und Frauen, die misshandelt wurden, nur weil sie queer waren. Und so zwang ich mich zu einem Dasein, in dem ich jemand sein musste, der ich nicht war. Ich wollte aber ich selbst sein und das Recht haben, zu lieben und um meiner selbst willen geliebt zu werden. Da mir das in Indien nicht möglich war, zog ich nach Amerika. Dort traf ich Männer und Frauen, die wie ich waren und offen lebten und liebten. Ihre Erfahrungen und Geschichten verliehen mir die Stärke und das Selbstvertrauen, mich zu outen. Endlich konnte ich frei und glücklich ich selbst sein und musste mich dafür nicht rechtfertigen.

Das Tandoori-Huhn steht für meine ganz persönliche Reise. Ebenso wie die Lebenserfahrungen die Menschen zu den besten Versionen ihrer selbst formen, verleiht die Marinade dem Gericht Geschmack und Farbe und verwandelt den Vogel in etwas Strahlenderes und Farbenprächtigeres. Ein Spritzer Zitronensaft ganz zum Schluss sorgt für einen Extrahauch Frische.

1. Die Haut von den Hähnchenunterschenkeln entfernen. Das Fleisch unter fließendem kaltem Wasser säubern und anschließend mit Küchenkrepp trocken tupfen. Die Schenkel mit einem Gemüsemesser jeweils zweimal tief einschneiden und in eine große Schüssel legen.
2. Für die Marinade Joghurt, Zitronensaft, Zwiebel, Rote Bete, Knoblauch, Ingwer, Kardamom, Kreuzkümmel, Kurkuma, Koriandersamen, Pfefferkörner, Paprikapulver, Nelken, Chili und Salz in eine Küchenmaschine oder einen Mixer geben. Vollständig glatt mixen.
3. Die Marinade zum Hähnchen geben und die Schenkel darin wenden, sodass sie gleichmäßig bedeckt sind. Die Schüssel mit Klarsichtfolie bedecken und das Fleisch mindestens 6 Stunden oder über Nacht im Kühlschrank marinieren.
4. Jeweils einen Ofenrost ins obere und untere Drittel des Backofens schieben. Den Ofen auf 200 °C vorheizen. Zwei Backbleche mit Backpapier belegen.
5. Das Fleisch im Abstand von etwa 2½ Zentimetern auf die vorbereiteten Backbleche legen und auf jeden Schenkel 1 bis 2 Esslöffel Marinade geben. Etwa 30 Minuten im Ofen backen, dabei nach der Hälfte der Garzeit die Ofenroste tauschen und die Schenkel wenden. Am Ende der Garzeit sollte das Fleisch eine Kerntemperatur von 70 °C aufweisen. Die Grillfunktion des Backofens dazuschalten. Das untere Blech aus dem Ofen nehmen, auf dem oberen das Fleisch 3 bis 5 Minuten grillen. Dann die Bleche tauschen. Das Fleisch auf einen Teller geben, mit Alufolie bedecken und 2 bis 3 Minuten ruhen lassen.
6. Das Tandoori-Huhn mit Zitronensaft beträufeln und servieren.

★ Taco-Kartoffeln

mit pikantem Putenhack

Hannah Hart

Für 4 Portionen

4 große **Kartoffeln**

1 EL **Olivenöl** + etwas mehr zum Abschmecken

Meer- oder **Steinsalz**

1 mittelgroße **Zwiebel**, abgezogen und in Würfel geschnitten

1 **Jalapeño**, entkernt (optional) und fein gehackt

450 g **Putenhackfleisch**

1 Packung (ca. 30 g) **Taco-Gewürzmischung**

3 **Pflaumentomaten**, entkernt und in Würfel geschnitten

15 g frischer **Koriander**, gehackt

Saft von 1 **Limette**

geriebener **Käse**, **Guacamole** (optional) und **Sour Cream** als Topping

Was macht einen Taco zum Taco? Das, was darin ist, also etwa Jalapeños, Hackfleisch und Gewürze? Oder ist es die Schale, die alles zusammenhält? Dieses Rezept beweist, dass es wirklich die inneren Werte sind, auf die es ankommt. Denn statt Taco Shells verwenden wir hier eine Kartoffel als Mantel für die traditionelle Füllung und zaubern somit einen neuen und besseren Taco: die Taco-Kartoffel! Tatsächlich können wir alle etwas von der Taco-Kartoffel lernen, nämlich dass es Wichtigeres als Äußerlichkeiten gibt. So leicht es auch ist, Menschen nach ihrem Äußeren in Schubladen zu stecken, ohne sich vorher die Mühe zu machen, sie besser kennenzulernen – ab und zu sollte man sich klarmachen, dass ein Körper nicht unbedingt auf Identität, Geschlecht oder sexuelle Orientierung schließen lässt. Wer wir sind, bestimmt einzig und allein unser Inneres. Koch das Rezept nach und fühl dich befreit. Und trage, welche »Schale« auch immer du magst!

1. Den Backofen auf 175 °C vorheizen.
2. Die Kartoffeln mit einer Gabel rundum einstechen. Mit Olivenöl und Salz einreiben, auf den Ofenrost legen und 1 Stunde im Ofen backen.
3. 1 Esslöffel Olivenöl in einer großen Pfanne bei mittlerer bis hoher Temperatur erhitzen. Zwiebel und Jalapeño hineingeben, mit Salz würzen und etwa 3 Minuten in dem Öl dünsten. Das Hackfleisch dazugeben und mit einem Holzlöffel zerkrümeln. Die Taco-Gewürzmischung hinzufügen und etwa 4 Minuten weiterbraten, bis das Fleisch nicht mehr rosa ist. Die Tomaten dazugeben und alles weitere 2 bis 3 Minuten braten. Die Pfanne vom Herd nehmen und Koriander sowie Limettensaft unter die Taco-Füllung rühren.
4. Die Kartoffeln aus dem Ofen nehmen und etwas abkühlen lassen. Längs halbieren und ein wenig Fruchtfleisch herausheben.
5. Die Kartoffelhälften mit der Putenmischung füllen. Mit geriebenem Käse, Guacamole und Sour Cream toppen und sofort servieren.

Hühnersuppe

mit Orzo, Zitrone und Kräutern

Tiffani Faison

Für 6 Portionen

Hühnerbrühe

2 EL **Olivenöl**

1,4 kg **Hühnerviertel**, am Gelenk zerteilt

2 TL **Meer-** oder **Steinsalz**

2 mittelgroße **Zwiebeln**, abgezogen und geviertelt

1 mittelgroße **Karotte**, grob gehackt

4 Stangen **Sellerie**, grob gehackt

5 **Knoblauchzehen**, abgezogen

3 Zweige **Thymian**

2 l **Hühnerfond**, selbst gemacht *(Rezept siehe S. 91)* oder gekauft

1 Bund **Petersilie**, zerzupft

1 **Bio-Zitrone**, in Spalten geschnitten

Hühnersuppe

250 g **Karotten**, gewürfelt

200 g **Stangensellerie**, gewürfelt

250 g **Zwiebeln**, abgezogen und gewürfelt

420 g **Orzo**

150 g **Erbsen**, frisch oder TK (aufgetaut)

1 EL **Dill**, gehackt

1 EL **Petersilie**, gehackt

2 EL **Schnittlauchröllchen**

Meer- oder **Steinsalz** und **schwarzer Pfeffer**, frisch gemahlen

etwas **Zitronensaft**, frisch gepresst, zum Abschmecken

Meine Frau ist keine einfache Patientin. Wenn sie krank ist, ist sie schwermütig und in sich gekehrt und schwelgt auch ein wenig in Selbstmitleid – das bricht mir jedes Mal fast das Herz. Als sie einmal an einer wirklich schlimmen Erkältung litt, besorgte ich die Zutaten für eine Hühnersuppe, während sie schlief. Es war das zweite Mal, dass ich die Suppe von A bis Z selbst machte, beim ersten Mal hatte ich sie für eine lieb gewonnene Kollegin zubereitet, die an Lungenkrebs erkrankt war. Ihr dabei zuzusehen, wie sie meine Stegreifsuppe an einem eisig kalten Abend voller Appetit aß, ist meine letzte Erinnerung an sie, bevor sie starb. Als ich die Suppe das zweite Mal zubereitete, die Brühe einkochen ließ und mit winzigen Mengen Zitronensaft und Dill Geschmacksintensität in die Suppe zauberte, wehten liebevolle Erinnerungen an die Freundschaft mit meiner Kollegin in meine Küche. Dieses Mal gab ich mir sogar noch mehr Mühe, um meiner Frau etwas wirklich Nährendes zu schenken. Diese Hühnersuppe ist das Erste, das ich für meine Frau, und das Letzte, das ich für eine liebe Freundin kochte.

1 Für die Hühnerbrühe das Olivenöl in einem großen, schweren Topf bei mittlerer Temperatur erhitzen.

2 Die Hühnerviertel mit Salz würzen und portionsweise in 10 bis 12 Minuten auf beiden Seiten scharf dunkelbraun in dem Öl anbraten. Das Fleisch aus dem Topf nehmen und beiseitestellen.

3 Zwiebeln, Karotte, Sellerie, Knoblauch und Thymian in den Topf geben und in rund 12 Minuten weich dünsten. Das Fleisch sowie den Hühnerfond hinzufügen und alles 2 Stunden köcheln lassen. Den Topf vom Herd nehmen, Petersilie sowie Zitrone in die Brühe geben und 30 Minuten ruhen lassen.

4 Die Hühnerviertel aus der Brühe nehmen und etwas abkühlen lassen. Anschließend das Fleisch von den Knochen lösen und beiseitestellen; Haut und Knochen entsorgen.

5 Für die Hühnersuppe die Brühe abgießen und in den Topf zurückgeben, die festen Bestandteile entsorgen. Die Brühe bei mittlerer bis hoher Temperatur in rund 10 Minuten um etwa ein Viertel einreduzieren lassen. Karotten, Sellerie, Zwiebeln und Orzo hineingeben und 10 Minuten bei mittlerer Hitze garen. Erbsen, Hühnerfleisch, Dill, Petersilie und Schnittlauchröllchen in die Suppe rühren, die Suppe mit Salz und Pfeffer würzen und mit Zitronensaft abschmecken. Heiß servieren.

Selbst gemachter Hühnerfond

Für ca. 2 l

ca. 1 kg **Hühnerkarkassen**, abgespült

2 mittelgroße **Zwiebeln**, abgezogen und geviertelt

1 mittelgroße **Karotte**, grob gehackt

4 Stangen **Sellerie**, grob gehackt

1 TL **schwarze Pfefferkörner**

5 **Knoblauchzehen**, abgezogen

3 Zweige **Thymian**

Durch die Verwendung von Hühnerbrühe und Hühnerfond in diesem Rezept schmeckt die Suppe herrlich intensiv nach Huhn. Noch besser wird das Ergebnis, wenn man den Hühnerfond dafür selbst zubereitet.

1 Hühnerkarkassen, Zwiebeln, Karotte, Sellerie, Pfeffer, Knoblauch und Thymian mit gut 2 Liter Wasser in einen großen Topf geben. Bei mittlerer bis hoher Temperatur zum Köcheln bringen, anschließend die Hitze auf niedrige Temperatur reduzieren und die Mischung 2 Stunden simmern lassen; dabei gelegentlich den dunklen Schaum abschöpfen, der sich an der Oberfläche bildet, das Fett aber im Topf lassen.

2 Den Topf vom Herd nehmen und die Mischung zugedeckt 1 Stunde ziehen lassen. Abgießen, die festen Bestandteile entsorgen. Das Rezept sollte etwa 2 Liter Fond ergeben – falls nicht, mit Wasser auffüllen. Der abgekühlte Fond hält sich im luftdicht verschlossenen Behälter im Kühlschrank bis zu 3 Tage, im Gefrierfach bis zu 2 Monate.

Buttermilch-Backhähnchen

Art Smith

Für 4 Portionen

Würzlauge

275 g **Meer-** oder **Steinsalz**

2 TL **schwarze Pfefferkörner**

5 Zweige **Rosmarin**

5 Zweige **Thymian**

4 **Knoblauchzehen**, abgezogen und zerdrückt

2 mittelgroße **Schalotten**, abgezogen und längs halbiert

4 **Lorbeerblätter**, frisch oder getrocknet

Backhähnchen

1 ganzes **Hähnchen**, ca. 1,4 kg, in 8 Stücke zerteilt

1 l **Buttermilch**

Reiskeimöl oder ein anderes Pflanzenöl nach Wahl zum Frittieren

500 g **Mehl**

4 TL **Backpulver**

3 EL **Knoblauchpulver**

3 EL **Zwiebelpulver**

3 EL **Meer-** oder **Steinsalz**

30 g **Paprikapulver**

2 TL **Cayennepfeffer**

1 EL getrockneter **Thymian**

Backhähnchen nach Südstaatenart ist ein Lieblingsgericht aus meiner Kindheit. Es kam meist zu besonderen Anlässen auf den Tisch – ob nun die Geburt eines neuen Erdenbürgers gefeiert oder einem Verstorbenen die letzte Ehre erwiesen wurde. Ich erinnerte mich wieder an das Gericht, als meine ehemalige Chefin, Oprah Winfrey, es sich 2004 zu ihrem 50. Geburtstag wünschte. An diesem Tag durfte ganz Hollywood es genießen, und so ist es inzwischen mein gefragtestes Gericht, das ich schon zahlreichen Menschen, von US-Präsidenten bis Lady Gaga, serviert habe. Meine Philosophie? Backhähnchen ist nicht politisch – es ist für alle da! Bei dieser Version wird das Fleisch vor dem Frittieren in einer schlichten Lauge mariniert; das sorgt für Extrageschmack und dafür, dass das Hähnchen schön saftig bleibt.

1. Für die Würzlauge 3½ Liter kaltes Wasser und das Salz in einen mittelgroßen Topf geben und bei mittlerer bis hoher Temperatur erhitzen. Rühren, bis sich das Salz aufgelöst hat. Pfefferkörner, Rosmarin, Thymian, Knoblauch, Schalotten und Lorbeerblätter hinzufügen. Den Topf vom Herd nehmen und die Lauge 1 Stunde ziehen lassen.
2. Die Lauge in einen großen, verschließbaren Behälter abgießen, die festen Bestandteile entsorgen. In etwa 30 Minuten auf Zimmertemperatur abkühlen lassen.
3. Für das Backhähnchen die Hähnchenteile in die Lauge legen. Im verschlossenen Behälter 12 bis 24 Stunden kühl stellen.
4. Die Buttermilch in einen weiteren großen, verschließbaren Behälter gießen. Das Fleisch aus der Lauge nehmen und in die Buttermilch legen. Im verschlossenen Behälter 4 bis 8 Stunden kühl stellen.
5. Einen großen, schweren Topf zur Hälfte mit Reiskeimöl füllen und das Öl bei mittlerer bis hoher Temperatur auf 160 °C erhitzen. Zwei Ofenroste auf zwei tiefe Backbleche legen.
6. In einer großen Schüssel Mehl, Backpulver, Knoblauch- und Zwiebelpulver, Salz, Paprikapulver, Cayennepfeffer und Thymian verrühren. 2 Hähnchenteile aus der Buttermilch nehmen, etwas abtropfen lassen und in dem gewürzten Mehl wenden. Überschüssiges Mehl abklopfen. Das Fleisch auf einen der Ofenroste legen. Mit den restlichen Hähnchenteilen ebenso verfahren.
7. Das Hähnchen portionsweise in 10 bis 13 Minuten – das hängt von der Größe der Hähnchenteile ab – in dem heißen Öl goldbraun frittieren; es sollte am Schluss eine Kerntemperatur von 74 °C aufweisen. Zum Abtropfen auf den zweiten Ofenrost legen. Etwas abkühlen lassen und servieren.

Fisch & Meeresfrüchte

Philippinische Frühlingsrollen

Frances Tariga-Weshnak

Für 50 Frühlingsrollen

450 g **Schweinehackfleisch**

225 g **Riesengarnelen**, geschält, vom Darmfaden befreit und fein gehackt

1 mittelgroße **Schalotte**, abgezogen und fein gehackt

1 **Knoblauchknolle**, abgezogen und fein gehackt

¼ große **Yambohne**, geschält und fein gehackt

2 mittelgroße **Karotten**, fein gehackt

1 Stange **Sellerie**, fein gehackt

2 **Eier** (Größe L), verquirlt

2 EL **Austernsauce**

2 TL **Zucker**

1 EL **Meer-** oder **Steinsalz**

1 TL **schwarzer Pfeffer**, frisch gemahlen

50 **Frühlingsrollenblätter**, 20 x 20 cm

1 **Eigelb** (Größe L), verquirlt

Pflanzenöl zum Frittieren

TIPP *Wer die Frühlingsrollen nicht alle auf einmal frittieren möchte, friert die gefüllten* lumpia *zunächst nebeneinanderliegend ein. Danach können sie in einen verschließbaren Beutel umgefüllt und im Tiefkühlfach bis zu 2 Monate aufbewahrt werden. Zum Fertigstellen können die Frühlingsrollen tiefgefroren direkt ins Frittieröl gegeben werden.*

Als ich mich outete, war ich noch sehr jung, und leider hat mich meine Familie in dieser Hinsicht nicht immer unterstützt. Etwa zu dieser Zeit begann ich auch, meinem Vater in der Küche zu helfen. Sehr genau kann ich mich noch daran erinnern, dass wir immer gemeinsam *lumpia* gemacht haben, die philippinische Variante der Frühlingsrollen, die es auf Partys und anderen großen Festen gab. Mein Vater brachte mir bei, sie so wie seine Großmutter zuzubereiten: Schweinehackfleisch, Garnelen und fein geschnittenes Gemüse für die Füllung, die anschließend von Frühlingsrollenblättern umhüllt goldbraun und knusprig frittiert wird. Als mein Vater im Sterben lag, vertraute er mir an, wie stolz er auf mich und meinen beruflichen Erfolg war. Wenn ich die *lumpia* heute zubereite, fühle ich mich immer in die Küche meines Vaters zurückversetzt. Das Rezept hat ihm und mir dabei geholfen, einen gemeinsamen Nenner zu finden und uns einander anzunähern. Es ist meinem Vater gewidmet.

1. Für die Füllung in einer großen Schüssel Schweinehackfleisch, Riesengarnelen, Schalotte, Knoblauch, Yambohne, Karotten, Sellerie, Eier, Austernsauce, Zucker, Salz und Pfeffer gründlich vermengen.
2. Die Frühlingsrollenblätter auf einen Teller legen und mit feuchtem Küchenkrepp bedecken, damit sie nicht austrocknen. Die Blätter nacheinander so auf die saubere Arbeitsfläche legen, dass je eine Ecke wie bei einem Diamanten nach oben und unten zeigt. Die obere Ecke mit etwas verquirltem Eigelb bepinseln. Etwa 2 Esslöffel Füllung in die Mitte des Blatts setzen und horizontal verstreichen. Die Seiten des Blatts über die Füllung schlagen, anschließend die untere Ecke darüberschlagen und aufrollen. Die Rolle auf ein Backblech legen und mit einem Geschirrtuch abdecken, damit sie nicht austrocknet. Mit den restlichen Frühlingsrollenblättern und der restlichen Füllung ebenso verfahren.
3. Einen großen Topf etwa 2½ Zentimeter hoch mit Pflanzenöl füllen. Das Öl bei mittlerer Temperatur auf 160 °C erhitzen und die *lumpia* portionsweise in 4 bis 5 Minuten goldbraun darin frittieren; dabei darauf achten, dass der Topf nie zu voll wird. Auf einem mit Küchenkrepp belegten Backblech abtropfen lassen und warm servieren.

Biergedämpfte Blaukrabben

mit scharfem Essigdip und Maissalat

Alana McMillan & Sabrina Chen

Für 4 Portionen

Für den Essigdip

2 mittelgroße **rote Chilischoten**, entkernt und in Streifen geschnitten

2 **Knoblauchzehen**, abgezogen und gehackt

Meer- oder **Steinsalz**

120 ml **Weißweinessig**

Für den Maissalat

4 **Maiskolben** mit Blättern, 30 Minuten in kaltem Wasser eingeweicht

60 ml **Olivenöl**

5 **Knoblauchzehen**, abgezogen und zerdrückt

4 EL **Butter**

1 Bund **Frühlingszwiebeln**, gehackt

Meer- oder **Steinsalz** und **schwarzer Pfeffer**, frisch gemahlen

Für die biergedämpften Blaukrabben

500 ml **helles Bier**

480 ml **destillierter Essig**

20 **Blaukrabben**, vorzugsweise große männliche Tiere, oder 700 g Garnelen mit Schale, vom Darmfaden befreit

Old Bay Seasoning (oder eine andere Würzmischung für Meeresfrüchte)

Wir sind beide im Süden der USA aufgewachsen und haben jeweils viele Sommernachmittage beim Seafood Boil verbracht – dabei treffen sich Freunde und Familien zum gemeinsamen Kochen von Meeresfrüchten, und es geht immer sehr lustig und lebhaft zu. Jahre später, nachdem wir beide nach New York City gezogen waren, stellten wir fest, dass für lesbische und queere Frauen die Gelegenheiten, jenseits oberflächlicher Unterhaltungen miteinander in Kontakt zu kommen, überraschend begrenzt waren. Die Leidenschaft für Essen und Geselligkeit, die wir beide in unserer Kindheit entwickelt hatten, und die Suche nach Gleichgesinnten führte uns rasch zueinander. Daraus entstand schließlich JaynesBeard, unser monatlicher Supper Club für queere Frauen und ein Ort, an dem hoffentlich viele zusammenfinden und dauerhafte Beziehungen aufbauen werden. Sei es nun beim Brotbrechen, beim Aufbrechen von Krabbenpanzern oder beim Schälen von Garnelen – das miteinander Essen schafft ein Gemeinschaftsgefühl. Es ermöglicht uns, mehr übereinander zu erfahren, und das auf eine Weise, für die wir uns sonst vielleicht nicht die nötige Zeit nähmen. Die gedämpften Krabben mit dem kräftigen Essigdip und dem Salat aus gegrilltem Süßmais eignen sich perfekt dazu, Menschen zusammenzubringen, Meeresfrüchte zu genießen und etwas Neues zu entdecken. Sind Blaukrabben nicht erhältlich, kann man ohne Weiteres auf Garnelen mit Schale ausweichen. Das Zerteilen erleichtert man sich, indem man die gedämpften Krabben oder Garnelen einfach auf Zeitungspapier oder Papptellern serviert.

1 Für den scharfen Essigdip Chilischoten und Knoblauch mit 1 Prise Salz mit Mörser und Stößel oder in der Küchenmaschine zu einer Paste verarbeiten. Die Paste in eine kleine Schüssel umfüllen und den Essig dazugeben. Alles gut verrühren und mit Salz abschmecken. Am besten bereitet man den Dip im Voraus zu und stellt ihn bis zur Weiterverwendung kühl. In einem luftdicht verschlossenen Behälter hält er sich im Kühlschrank 3 bis 4 Tage.

2 Für den Maissalat den Grill anheizen oder eine Grillpfanne bei mittlerer Temperatur erhitzen. Die eingeweichten Maiskolben 15 Minuten grillen, dabei alle paar Minuten wenden, bis die Maiskörner weich sind. Vom Grill bzw. aus der Grillpfanne nehmen und etwas abkühlen lassen.

3 In der Zwischenzeit das Olivenöl in einer mittelgroßen Pfanne bei niedriger bis mittlerer Temperatur erhitzen und den Knoblauch 45 Sekunden darin braten; das Öl soll nur leicht das Knoblaucharoma annehmen. Den Knoblauch aus der Pfanne nehmen und entsorgen oder für eine andere Verwendung aufbewahren. Die Butter in der Pfanne zerlassen und die Butter-Öl-Mischung anschließend in eine große Servierschüssel füllen. Die Frühlingszwiebeln hinzufügen und sanft vermengen.

4 Ist der Mais ausreichend abgekühlt, die Blätter entfernen und die Körner von den Kolben lösen. Zur Frühlingszwiebel-Butter-Mischung geben und vorsichtig vermengen; dabei dürfen ruhig auch mehrere Körner aneinander haften bleiben. Mit Salz und Pfeffer würzen und bis zum Servieren beiseitestellen.

5 Für die biergedämpften Blaukrabben Bier und Essig in einen großen Topf mit Dämpfeinsatz gießen; die Flüssigkeit sollte den Dämpfeinsatz dabei nicht berühren. Bei mittlerer bis hoher Temperatur zum Kochen bringen. Die Krabben in den Dämpfeinsatz schichten und jede Schicht großzügig mit Old Bay Seasoning würzen. Zugedeckt 20 bis 22 Minuten dämpfen, bis die Krabben eine leuchtend rote Farbe angenommen haben. Garnelen nur 7 bis 9 Minuten dämpfen und nach der Hälfte der Dämpfzeit wenden, damit sie gleichmäßig gar werden.

6 Die Krabben auf ein mit Zeitungspapier belegtes Backblech legen und mit dem Maissalat sowie dem scharfen Essigdip servieren.

About Face: Stonewall, Revolt and New Queer Art
Through Aug. 10, Wrightwood 659, 659 West Wrightwood Avenue, Chicago; 773-437-6601; info@wrightwood659.org

Ofengerösteter Lachs

mit Kokosreis und Erbsen

Charlie Monlouis-Anderle

Für 4 Portionen

60 g getrocknete **Schwarzaugenbohnen**

380 g **Naturreis**

400 ml **Kokosmilch**

Meer- oder **Steinsalz**

4 **Lorbeerblätter**

1 mittelgroße **gelbe Paprikaschote**

450 g **Lachsfilet** ohne Haut

Kokosöl

1 mittelgroße **rote Zwiebel**, abgezogen und in Würfel geschnitten

Zum Garnieren

Langer Koriander, **Koriander** oder glatte **Petersilie**, gehackt *(siehe Tipp)*

Avocado, in Scheiben geschnitten

Zitronen- oder **Limettensaft**, frisch gepresst

Chilisauce

TIPP *Der Lange Koriander hat mit dem Echten Koriander botanisch nicht viel gemein, verdankt seinen Namen aber der Tatsache, dass er nach Koriander duftet. Er ist mitunter in Asialäden erhältlich, kann aber auch problemlos durch Echten Koriander oder glatte Petersilie ersetzt werden.*

Als nichtbinärer Mensch finden sich in meinem Selbstausdruck Einflüsse aus dem gesamten Spektrum der *genderscape*. Die Darstellung der eigenen Geschlechtsidentität reicht weit über die Art, sich zu kleiden und sich zurechtzumachen, hinaus: Sie umfasst viele verschiedene Formen des Selbstausdrucks, beispielsweise auch das Kochen. Mit zwölf Jahren begann ich, die Rezepte meiner Mom kreativ umzugestalten. Es war mein erster Versuch zu beweisen, dass ich anders an die Dinge herangehen und trotzdem etwas Leckeres auf den Tisch bringen konnte. Beim Kochen scheue ich mich nicht, Grenzen zu sprengen und Erwartungen zu untergraben. Die Speisen, die ich zubereite, können sich von Traditionellem lösen, ohne ihre kulturellen Einflüsse zu verleugnen. Dafür ist dieses Rezept ein wunderbares Beispiel: Es verbindet Reis und Erbsen mit den dekonstruierten Zutaten eines meiner Lieblingsrezepte, dem *féroce d'avocat*, was wörtlich so viel wie »wilde Avocado« bedeutet. Auf Martinique werden dafür zerdrückte Avocados mit Stockfisch und Gewürzen vermengt und als Beilage oder Aufstrich serviert, während ich daraus gern eine ganze Mahlzeit mit frischem Fisch und Paprika mache. Der Lachs kann durch anderen fettreichen Fisch wie beispielsweise Seehecht ersetzt werden, und auch beim Garnieren sind der Fantasie keine Grenzen gesetzt.

1. Die Schwarzaugenbohnen mit Wasser in einem großen Topf zum Kochen bringen. Anschließend den Herd ausschalten und die Erbsen mindestens 1 Stunde oder über Nacht einweichen. Abgießen.
2. Die eingeweichten Schwarzaugenbohnen mit dem Reis, der Kokosmilch, 600 Milliliter Wasser, mehreren großzügigen Prisen Salz und den Lorbeerblättern in einen mittelgroßen Topf geben. Bei mittlerer bis hoher Temperatur zum Kochen bringen, dann die Hitze auf niedrig reduzieren und die Mischung zugedeckt rund 40 Minuten köcheln lassen, bis die Zutaten die Flüssigkeit aufgesogen haben. Die Lorbeerblätter entfernen.
3. Den Backofen auf 220 °C vorheizen.
4. In der Zwischenzeit die Paprikaschote direkt über einer mittelgroßen Flamme rösten oder etwa 5 Minuten im Ofen grillen, bis die Haut stellenweise schwarz ist. Etwas abkühlen lassen, dann die Haut abziehen, Kerne und Trennhäute entfernen und das Fruchtfleisch hacken.
5. Den Lachs auf ein Backblech legen. Eventuelle Gräten entfernen und das Filet mit etwas Kokosöl einreiben. Mit Salz würzen. Den Fisch 12 bis 14 Minuten im Ofen rösten, bis er den gewünschten Garheitsgrad erreicht hat.
6. Den Lachs in größere Stücke zerzupfen und mit der gehackten Paprika sowie den Zwiebelwürfeln unter die Bohnen-Reis-Mischung heben. Mit Langem Koriander und Avocadoscheiben garnieren und mit Zitronen- oder Limettensaft sowie Chilisauce beträufelt servieren.

★ Im Kohlblatt gegrillter Lachs nach Yucatán-Art

Susan Feniger

Für 6–8 Portionen

100 g **Achiote-Paste**

10 **Knoblauchzehen**, abgezogen und gehackt

360 ml **Orangensaft**, frisch gepresst

Saft von 2 **Limetten**

8 **Lorbeerblätter**, zerbröselt

2 TL **Kreuzkümmelsamen**

1 TL **Zimtpulver**

2 TL getrockneter **Thymian**

1 TL getrockneter **Oregano**

2 TL **Meersalz** + etwas mehr zum Blanchieren des Kohls

2 TL **schwarzer Pfeffer**, frisch gemahlen

1,4 kg **Lachsseite** mit Haut

2 Bund **Blattkohl**, von dicken Stielen befreit

2 **Gemüsezwiebeln**, abgezogen und in ca. 1 cm dicke Scheiben geschnitten

5 **Pflaumentomaten**, in ca. 1 cm dicke Scheiben geschnitten

4 **Anaheim-Chilischoten**, geröstet, gehäutet, entkernt und in Streifen geschnitten *(siehe Tipp)*

In den frühen Tagen unserer Beziehung versuchte meine Partnerin Liz, mich mit einem selbst gekochten Abendessen zu beeindrucken. Das Erste, das mir dabei auffiel, war, dass sich in ihrer Küche einzig ein altes Döschen getrockneten Dills, etwas Salz und Pfeffer und ein praktisch leerer Kühlschrank befanden. Als Küchenchefin war ich naturgemäß entsetzt. Bei diesem ersten und einzigen Versuch, für mich zu kochen, gab es gegrillten, mit besagtem getrocknetem Dill bestreuten Lachs. Es bedurfte all meiner Selbstbeherrschung, nicht einzugreifen und die Katastrophe bereits im Entstehen zu verhindern. Der Lachs stellte sich als vollständig unterwürzt und übergrillt heraus und schmeckte vorwiegend nach verbranntem Dill – nicht gerade die von mir bevorzugte Geschmacksnote. Liz vervollständigte das Dinner mit einer Beilage aus gekochten grünen Bohnen, garniert mit Salz, und einem Salat, dessen Dressing sie in einem Schälchen dazu reichte. Trotz dieser etwas glanzlosen Mahlzeit gelang es ihr, mein Herz zu erobern, und mittlerweile sind wir seit mehr als 20 Jahren zusammen. Heute bereiten wir häufig gemeinsam diesen im Kohlblatt gegrillten Lachs nach Yucatán-Art zu. Das Rezept mit seinen wunderbar kräftigen Aromen von Annatto – auf Spanisch *achiote* –, Zitrusfrüchten und Zimt habe ich von meinen Reisen an die mexikanische Küste mitgebracht.

1. Achiote-Paste, Knoblauch, Orangen- und Limettensaft, Lorbeerblätter, Kreuzkümmel, Zimt, Thymian, Oregano, Salz und Pfeffer in eine mittelgroße Schüssel geben und mit einer Gabel zu einer Marinade verrühren. Den Lachs auf der Hautseite mit einem scharfen Messer mehrmals diagonal einschneiden. Den Fisch in eine passende hohe Auflaufform legen und mit der Marinade begießen. Dabei einmal wenden, damit der Lachs gleichmäßig mariniert wird. Mit Klarsichtfolie bedecken und 1 Stunde in den Kühlschrank stellen.
2. In einem großen Topf Salzwasser zum Kochen bringen. Eine große Schüssel mit kaltem Wasser und Eiswürfeln bereitstellen.
3. Die noch vorhandenen Blattkohlstiele mit einem scharfen Messer oder Sparschäler so putzen, dass die Blätter biegsam werden. Den Kohl anschließend portionsweise in dem Salzwasser so lange blanchieren, bis das Wasser gerade wieder zu kochen beginnt. Die Blätter herausheben, kurz ins Eisbad tauchen und dann abtropfen lassen.
4. Den Grill anheizen oder eine Grillpfanne bei mittlerer bis hoher Temperatur erhitzen. Ein Backblech großzügig mit Alufolie auskleiden; dazu sind vielleicht mehrere Schichten notwendig. Die blanchierten Kohlblätter einander überlappend so darauflegen, dass sich ein Rechteck ergibt, das so lang ist wie der Fisch und mehr als zweimal so breit.

TIPP *Frische Chilischoten röstet man am besten direkt über einer Gasflamme oder auf einem Backblech unter dem Backofengrill. Dabei häufig wenden, damit die Haut gleichmäßig bräunt, ohne dass das Fruchtfleisch austrocknet. Die gerösteten Chilischoten in einen Plastikbeutel geben, den Beutel verschließen und die Chilischoten 10 bis 15 Minuten in dem Beutel ausdampfen lassen. Dann von Hand die Haut ablösen und die Schoten kurz in Wasser tauchen, um eventuelle schwarze Stellen zu säubern. Die Schoten jedoch nicht unter fließendem Wasser häuten, da sich dabei auch die aromatischen Säfte verflüchtigen. Die gehäuteten Schoten schließlich von Stielen, Samen und Trennhäuten befreien.*

5 Den marinierten Lachs mit der Hautseite nach unten in die Mitte des Kohlrechtecks legen. Mit Zwiebel- sowie Tomatenscheiben und Chilistreifen belegen. Die Kohlblätter über den Fisch schlagen – durch die Feuchtigkeit werden sie gut haften – und anschließend mit Alufolie bedecken. Das Fischpaket 7 bis 8 Minuten grillen, dann mit zwei Pfannenhebern vorsichtig wenden und den Fisch auf der anderen Seite weitere 7 bis 8 Minuten grillen, bis er gar ist.

6 Zum Servieren das Fischpaket auf eine Servierplatte legen. Die Alufolie entfernen und die Kohlblätter öffnen.

Gegrillte Fisch-»Tacos«

mit Pico de Gallo, Guacamole und Ananassalsa

Elizabeth Falkner

2015 verliebte ich mich in Stacy aus Florida. Sie ist Marathonläuferin, ich treibe ebenfalls viel Sport, und zudem teilten wir die Leidenschaft für frisches, farbenfrohes Essen. Das erste Mal habe ich dieses Gericht zubereitet, nachdem einer ihrer Freunde von einem Angelausflug mit fangfrischer Goldmakrele zurückgekommen war. Da wir an diesem Abend eine Party gaben, beschloss ich, Tacos aus dem Fisch zu machen. Als Taco Shells verwendete ich Salatblätter, für den nötigen Crunch sorgten frittierte Tortillastreifen, und serviert habe ich das Ganze unter anderem mit Stacys Lieblingssalsa: einer Variante mit Ananas, gerösteten Cashewkernen und Fischsauce für etwas subtile Extrawürze. Zusammen mit frischen Kräutern verleihen diese Toppings den Tacos vietnamesisches Flair und machen sie einzigartig. Obwohl Stacy und ich mittlerweile nicht mehr zusammen sind, treffen wir uns doch hin und wieder und genießen gemeinsam diese Fischtacos. Das Rezept wird mich immer an sie erinnern.

Für 4 Portionen

120 ml **Rapsöl**

2 mittelgroße **Maistortillas**

Meer- oder **Steinsalz**

60 ml **Fischsauce**

2 EL **Zucker**

150 g **Cashewkerne**, ungeröstet und ungesalzen

½ große **Ananas**, vom Strunk befreit und in Würfel geschnitten

2 **Jalapeños**, entkernt (optional) und gehackt + etwas mehr, in Streifen geschnitten, zum Servieren

2 **Avocados**, entsteint und in Würfel geschnitten

1 EL **Kreuzkümmel**, gemahlen

2 TL **Chipotle-Pulver**

1 Bund **Koriander**, gehackt

Saft von 1 **Limette**

1 mittelgroße **rote Zwiebel**, abgezogen und in Würfel geschnitten

4 **Knoblauchzehen**, abgezogen und gehackt

3 große **Ochsenherztomaten**, entkernt und in Würfel geschnitten

Blätter von 1 Bund frischem **Oregano**

450 g **Goldmakrelen-** oder **Roter-Schnapper-Filets**

60 ml **Olivenöl extra vergine**

schwarzer Pfeffer, frisch gemahlen

1 **Kopfsalat**, in einzelne Blätter geteilt

1 Bund **Basilikum**, gehackt

Limettenspalten

1. Den Backofen auf 160 °C vorheizen und ein Backblech mit Backpapier belegen. Das Rapsöl in einem mittelgroßen Topf bei mittlerer Temperatur auf 160 °C erhitzen.
2. Die Tortillas in etwa 1 Zentimeter breite und knapp 4 Zentimeter lange Streifen schneiden. Die Streifen portionsweise in rund 4 Minuten in dem Öl goldbraun frittieren. Mit einem Schaumlöffel herausheben und zum Abtropfen auf einen mit Küchenkrepp belegten Teller legen. Mit Salz bestreuen.
3. Fischsauce und Zucker mit 2 Esslöffel Wasser in einen kleinen Topf geben und bei mittlerer bis hoher Temperatur zum Kochen bringen. Die Cashewkerne hineingeben, die Hitze auf mittel bis niedrig reduzieren und die Kerne 15 Minuten in der Flüssigkeit pochieren.
4. Die Kerne mit einem Schaumlöffel herausheben und auf dem vorbereiteten Backblech verteilen. In etwa 8 Minuten im Ofen goldbraun rösten.
5. Für die Ananassalsa die Fischsaucenmischung 8 Minuten weiterköcheln lassen und dabei um die Hälfte einreduzieren. Vom Herd nehmen und abkühlen lassen. Ananaswürfel, geröstete Cashewkerne und die Hälfte der gehackten Jalapeños unter das Fischsaucenkaramell rühren.
6. Für die Guacamole in einer Schüssel Avocadowürfel, 1 Teelöffel Kreuzkümmel, ½ Teelöffel Chipotle-Pulver, 2 Esslöffel Koriander und Limettensaft vermengen. Avocado zerdrücken und alles noch einmal mischen. Mit Salz abschmecken und beiseitestellen. Für den Pico de Gallo in einer Schüssel Zwiebelwürfel, Knoblauch, Tomaten, die restlichen Jalapeños und 2 Esslöffel Oreganoblätter vermengen. Mit Salz würzen und beiseitestellen.
7. Eine große schwere Pfanne bei mittlerer Temperatur erhitzen. Die Fischfilets in einer großen Schüssel mit Olivenöl, dem restlichen Kreuzkümmel und dem restlichen Chipotle-Pulver vermengen. Mit Salz und Pfeffer würzen. Den Fisch auf jeder Seite 2 Minuten in der Pfanne braten, bis das Fleisch nicht mehr durchsichtig ist und sich leicht vom Pfannenboden löst.

8 Die Filets im Ganzen oder in größere Stücke zerzupft auf dem Teller platzieren und nach Belieben mit Salatblättern, Koriander, Oregano, Basilikum, Jalapeños, Limettenspalten, frittierten Tortillastreifen, Pico de Gallo, Guacamole und Ananassalsa servieren.

Date-Night-Lachssalat

Justin Chapple

Für 2 Portionen

2 EL **Olivenöl extra vergine**

1 kleine **rote Zwiebel**, abgezogen; die eine Hälfte fein gehackt, die andere in dünne Scheiben geschnitten

2 **Knoblauchzehen**, abgezogen und fein gehackt

90 g **Basmatireis**, abgespült

50 g **Orzo-Nudeln**

300 ml **Hühnerfond** bzw. Hühnerbrühe

¼ TL **Kurkuma**, gemahlen

Meer- oder **Steinsalz**

340 g **Lachsfilet** mit Haut, aus der Mitte geschnitten

1 EL **Tequila**

2 TL abgeriebene **Limettenschale**

schwarzer Pfeffer, frisch gemahlen

80 g **(Baby-)Rucola**

16 g **Korianderblätter**

2 EL **Limettensaft**, frisch gepresst

Mein Faible für Tequila-Limetten-Lachs begann mit einer Version des Gerichts, die ich auf einem Kunstledersofa verzehrte. Das Sofa gehörte Jason, einem Polizisten, den ich zwei Wochen zuvor kennengelernt hatte. Der Lachs, den er an diesem Abend zubereitete, ist zur denkwürdigsten Mahlzeit meines Lebens geworden. Denn Jason, nun schon seit über zehn Jahren mein Mann, hat mir mit einem Stück gegrillten, liebevoll auf Pilaw angerichteten Lachs das Herz gestohlen. Noch liebevoller servierte er den Beilagensalat, den er um den Pilaw herum drapiert hatte und der Reis und Fisch wie ein Heiligenschein umgab. Wenn ich heute daran denke, muss ich gleichzeitig lachen und weinen. Das Essen vermittelte mir ein Gefühl der Liebe, das ich bis dahin nicht gekannt hatte. Es schmeckte, wie soll ich sagen – nach »Normalität«, nach einem Leben, in dem einem jemand so sehr am Herzen liegt, dass man sich beim Anrichten eines Lachsfilets eine solche Mühe gibt. Für mich als Schwulen war es schwer, mir meine Zukunft vorzustellen, wusste ich doch, dass ich vielleicht nie würde heiraten können. Zum Glück hat sich das seitdem geändert, doch wird mich dieses Essen immer daran erinnern, dass es noch gar nicht so lange her ist, dass uns dieses Recht zugestanden wurde. Ich werde es niemals für selbstverständlich halten. Meine Liebe für dieses Rezept ist auf 2003 datiert – ebenso wie die Liebe für den Mann, der nun mein Mann ist.

1 Das Olivenöl in einer großen Pfanne bei mittlerer Temperatur erhitzen und die gehackten Zwiebeln sowie den Knoblauch unter gelegentlichem Rühren in etwa 5 Minuten darin weich dünsten. Reis und Orzo dazugeben und unter Rühren etwa 3 Minuten mitdünsten, bis die Reisränder glasig sind. Hühnerfond, Kurkuma und 1 großzügige Prise Salz unterrühren. Die Temperatur erhöhen und die Mischung zum Kochen bringen. Noch einmal umrühren, dann die Temperatur auf niedrig reduzieren und die Mischung zugedeckt rund 20 Minuten köcheln lassen, bis der Reis die Flüssigkeit aufgesogen hat. Die Pfanne vom Herd nehmen und die Mischung zugedeckt 15 Minuten ausdampfen lassen. Den Pilaw mit einer Gabel auflockern und anschließend auf einem Backblech ausbreiten, damit er vollständig auskühlen kann.

2 In der Zwischenzeit den Backofen auf 190 °C vorheizen und ein Backblech mit Alufolie belegen.

3 Den Lachs mit der Hautseite nach unten auf das vorbereitete Backblech legen. Mit Tequila bepinseln und mit abgeriebener Limettenschale bestreuen, anschließend großzügig mit Salz und Pfeffer würzen. Den Lachs etwa 20 Minuten im vorgeheizten Ofen garen. Vollständig abkühlen lassen, dann die Haut entfernen und das Fleisch in etwa 5 Zentimeter große Stücke zupfen. Die Haut entsorgen.

4 Den abgekühlten Pilaw in eine große Schüssel geben und mit Rucola, Koriander, Limettensaft sowie Zwiebelscheiben vermengen. Den Salat mit Salz und Pfeffer würzen. Die Lachsstücke unterheben und sofort servieren.

Jakobsmuscheln

mit gebratener Polenta, Bacon und Rucola

Ted Allen

Für 4 Portionen

Für die gebratene Polenta

480 ml **Hühnerbrühe**

240 ml **Milch**

2 EL **Butter**

170 g feiner **Maisgrieß**

1 TL **Meer-** oder **Steinsalz**

Olivenöl

Für die Jakobsmuscheln und den Rucola-Avocado-Salat

2 EL **Olivenöl**

12 **Jakobsmuscheln** ohne Corail

Meer- oder **Steinsalz**

3 Scheiben geräucherter **Bacon**, gehackt

10 g feine **Schnittlauchröllchen**

1 **Knoblauchzehe**, abgezogen und fein gehackt

1 EL **Zitronensaft**, frisch gepresst

40 g **Rucola**

1 **Avocado**, vorzugsweise die Sorte Hass, entsteint und in große Stücke geschnitten

1 TL **Champagneressig**

schwarzer Pfeffer, frisch gemahlen

Der Fernsehsender Food Network hat die LGBTQ+ Community immer willkommen geheißen, und ich bin sehr stolz darauf, Teil dieser Familie zu sein. Das galt auch für meine erste TV-Zwischenstation, den Sender Bravo, dessen Sendung *Queer Eye for the Straight Guy* der Grund dafür war, dass mein Mann und ich unsere Zelte in Chicago abbrachen und nach New York City zogen. Kurz nach der letzten Folge von *Queer Eye* war ich als Juror für Bravos *Top Chef* in Miami tätig, wo mir das erste Mal das Gericht Polenta mit Garnelen begegnete. Das Rezept hier ist meine Version des Klassikers: Jakobsmuscheln, knuspriger Bacon, frische Rucola, gebratene Polenta und Avocado ergeben einen tollen Sommersalat. Oder, wie es in *Queer Eye* immer hieß: *Cheers, queers!*

1 Für die gebratene Polenta eine Auflaufform (20 x 20 cm) einfetten.

2 Hühnerbrühe, Milch und Butter in einen mittelgroßen Topf geben und bei hoher Temperatur zum Kochen bringen. Unter Rühren den Maisgrieß einrieseln lassen. Anschließend die Hitze auf niedrige Temperatur reduzieren und etwa 5 Minuten weiterrühren, bis der Maisgrieß andickt und die gesamte Flüssigkeit aufgesogen hat. Das Salz unterrühren. Die Mischung in die vorbereitete Auflaufform füllen und gleichmäßig darin verteilen. Mindestens 2 Stunden oder über Nacht kühl stellen, bis die Polenta fest geworden ist.

3 Für die Jakobsmuscheln 1 Esslöffel Olivenöl in einer mittelgroßen Pfanne bei mittlerer Temperatur erhitzen. Die Jakobsmuscheln mit Küchenkrepp trocken tupfen und auf beiden Seiten mit Salz würzen. Rund 4 Minuten in dem heißen Öl braten, dabei nach 2 Minuten wenden, bis sie goldbraun und nicht mehr durchsichtig sind. Zum Abtropfen auf einen mit Küchenkrepp belegten Teller geben.

4 Den Bacon in die Pfanne geben und in etwa 4 Minuten braun und knusprig braten. Zum Abtropfen in eine mit Küchenkrepp ausgelegte kleine Schüssel geben. Das Fett bis auf 1 Esslöffel aus der Pfanne gießen und die Hälfte der Schnittlauchröllchen, den Knoblauch sowie den Zitronensaft hineingeben. 2 Minuten dünsten, bis die Schnittlauchröllchen zu bräunen beginnen, dann die Pfanne vom Herd nehmen.

5 In einer mittelgroßen Schüssel Rucola, restliche Schnittlauchröllchen, Avocadostücke, restliches Olivenöl und Champagneressig vermengen. Mit Salz und Pfeffer würzen.

6 Eine Grillpfanne bei mittlerer Temperatur erhitzen. Die Polenta in vier Quadrate (10 x 10 cm) schneiden und die Quadrate auf beiden Seiten mit Olivenöl bepinseln. Anschließend etwa 3 Minuten pro Seite in der Grillpfanne braten, bis die Polenta warm ist und sich Grillstreifen zeigen.

7 Die Polentaquadrate mit den Jakobsmuscheln, dem Bacon und dem Rucola-Avocado-Salat auf einer Servierplatte anrichten. Mit der Knoblauch-Schnittlauchröllchen-Mischung aus der Pfanne beträufeln, mit schwarzem Pfeffer bestreuen und sofort servieren.

Grapefruitsalat

mit gebratenen Garnelen und thailändischem Kokosdressing

Arnold Myint (a.k.a. Suzy Wong)

Für 4–6 Portionen

Für das Dressing

1 EL **rote Thai-Currypaste**

2 EL **Limettensaft**, frisch gepresst

2 EL **Fischsauce**

120 ml **Kokosmilch**

2 EL dunkler **Agavendicksaft**

Für die gebratenen Garnelen

120 ml **Fischsauce**

120 ml **Limettensaft**, frisch gepresst

2 EL **Sriracha**

2 EL **Palm-** oder **heller brauner Zucker**

2 EL **Knoblauch**, fein gehackt

12 **Riesengarnelen** mit Kopf und Schwanz, ca. 900 g

Meine Mutter war eine zierliche, ungeheuer lebenslustige Frau, die bedingungslos liebte. Da ich praktisch in ihrem Restaurant aufgewachsen bin, konnte ich dabei zusehen, wie die Bindung zu ihren Stammgästen wuchs – sie nannte sie liebevoll ihre »Kinder«. Nach dem Tod meiner Mutter kehrte ich auf persönlicher Spurensuche in ihre Heimat Thailand zurück. Während der Reise wurde mir klar, dass die thailändische Küche völlig zu Unrecht als simpel und schnell zubereitet gilt. Sie ist im Gegenteil gastronomisch ausgesprochen komplex, worin sie meiner Mutter ähnelt, die ebenfalls voller Farben, Strukturen und Geschmäcker war, vereint in einem bescheidenen, wunderschönen Wesen, das dennoch immer wieder große Überraschungen bereithielt. Meine Mutter hat mich, meine Entscheidungen, mein Wesen oder meinen Weg nie verurteilt. Viele Menschen haben mir bestätigt, wie stolz sie auf mich gewesen ist. Sie nannte mich ihren »Top Chef« und sprang vor Freude auf der Bühne auf und ab, als ich Miss Gay America wurde. Sie war mein größter Fan, meine Freundin und mit der gemeinsamen Leidenschaft fürs Kochen meine Mentorin. Dieses Gericht ist eine Hommage an meine Mutter: Es ist farbenfroh und voller verschiedener Aromen. Der Salat kann nach Wunsch auch auf einer großen Platte und mit Salatblättern als Wrapfüllung serviert werden.

1. 12 Holzspieße in einer großen Schüssel mit zimmerwarmem Wasser bedecken und 15 bis 20 Minuten darin einweichen.
2. In der Zwischenzeit für das Dressing in einer kleinen Schüssel Currypaste, Limettensaft, Fischsauce, Kokosmilch und Agavendicksaft glatt rühren. Bis zur Verwendung kühl stellen.
3. Für die gebratenen Garnelen Fischsauce, Limettensaft, Sriracha, Zucker und Knoblauch in einer großen Schüssel verrühren. Die Riesengarnelen dazugeben, gründlich mit der Marinade vermengen und 20 Minuten ziehen lassen.

Für den Grapefruitsalat

Filets von 3 **Grapefruits**

150 g **grüne Bohnen**, in kleine Stücke geschnitten

1–2 **rote Fresno-Chilischoten**, in feine Ringe geschnitten

85 g **Bohnensprossen**

85 g **Rotkohl**, in feine Streifen geraspelt

85 g **Sonnenblumen-** oder **Erbsensprossen**

Blätter von 1 Stängel **Dill**, zerzupft

8–10 **Minzeblätter**, zerzupft

10–14 **Korianderblätter**, zerzupft

40 g **Röstschalotten**, selbst gemacht *(Rezept siehe unten)* oder gekauft

20 g **Kokosraspel**, geröstet *(siehe Tipp)*

40 g **geröstete Erdnüsse**

4 Eine Grillpfanne bei mittlerer bis hoher Temperatur erhitzen. Die Garnelen vom Schwanzende aus einzeln auf die eingeweichten Holzspieße fädeln und etwa 5 Minuten in der Pfanne braten, bis sie sich leuchtend rot verfärbt haben. Nach der Hälfte der Bratzeit wenden. Aus der Pfanne nehmen und beiseitestellen.

5 Für den Grapefruitsalat Grapefruitfilets, grüne Bohnen, Chiliringe, Bohnensprossen, Rotkohlstreifen, Sonnenblumensprossen, Dill, Minze, Koriander, Röstschalotten, Kokosraspel und Erdnüsse in eine große Schüssel geben und vermengen. Mit der Hälfte des Dressings beträufeln und noch einmal alles gut vermengen. Nach Belieben mit mehr Dressing abschmecken. Die gebratenen Garnelen auf dem Salat anrichten oder dazu reichen. Am besten sofort servieren oder bis zum Servieren kühl stellen.

TIPP *Um die Kokosraspel zu rösten, diese in einer dünnen, gleichmäßigen Schicht in einer mittelgroßen Pfanne verteilen und bei niedriger Temperatur erhitzen. Rund 7 Minuten rösten, bis die Raspel zu bräunen beginnen, dann die Pfanne sofort vom Herd nehmen.*

Röstschalotten

Für ca. 40 g

40 g **Schalotten**, abgezogen und in dünne Scheiben geschnitten

Meer- oder **Steinsalz**

neutrales Öl, z. B. Raps- oder ein anderes Pflanzenöl, zum Frittieren

Speisestärke oder **Mehl** zum Bestäuben

1 Die Schalottenscheiben in einer kleinen Schüssel mit Salz bestreuen. Die Zwiebeln rund 5 Minuten in Wasser ziehen lassen. Die Flüssigkeit abgießen, die Schalotten auf Küchenkrepp geben und trocken tupfen.

2 Das Öl gut 1 Zentimeter hoch in einen kleinen Topf füllen und bei mittlerer bis hoher Temperatur auf 175 °C erhitzen. Die Schalotten mit etwas Speisestärke bestäuben und anschließend rund 10 Minuten in dem heißen Öl goldbraun und knusprig frittieren. Mit einem Schaumlöffel herausheben und auf einem mit Küchenkrepp belegten Teller abtropfen lassen.

JARRITOS

★ Gazpacho mit Meeresfrüchten (Cóctel de Mariscos)

Bill Smith

Für 6–8 Portionen

1,4 l **Tomatensaft**

1 große **grüne Paprikaschote**, vom Kerngehäuse befreit und in Würfel geschnitten

½ mittelgroße **rote Zwiebel**, abgezogen und in Würfel geschnitten

1 Stange **Sellerie**, in Würfel geschnitten

2 **Jalapeños**, entkernt (optional) und fein gehackt

2 reife **Avocados**, geschält, entsteint und in Würfel geschnitten

abgeriebene Schale und Saft von 1 **Bio-Orange**

1 EL **Zitronensaft**, frisch gepresst

2 EL **Koriander**, gehackt

225 g gegarte **Garnelen**, geschält und halbiert

225 g **Krabbenfleisch**

12 **Austern**, frisch aus der Schale gelöst

350 ml **Orangenlimonade** (optional)

Als schwuler Mann kann ich mich sehr glücklich schätzen, in einer freigeistigen und bunt gemischten Community zu leben. Ich habe an Stonewall-Paraden teilgenommen, für das »Chefs for Equality«-Dinner in Washington, D.C., gekocht und darüber hinaus das Privileg genossen, Menschen aus allen Gesellschaftsschichten in meinen Küchen beschäftigen zu dürfen. Dadurch bin ich auf viele neue Rezepte und Techniken gestoßen, darunter auch auf diesen Gazpacho mit Meeresfrüchten. Mir sind Varianten davon in ganz Mexiko begegnet, und auch auf Speisekarten in den Vereinigten Staaten ist die kalte Suppe inzwischen kein Neuling mehr. Sie eignet sich hervorragend als Abendessen während einer Woche am Strand und, in kleineren Mengen serviert, ebenso gut als Vorspeise. Das Rezept hier versteht sich als Grundrezept, das hinsichtlich der Meeresfrüchte ganz nach Geschmack abgewandelt werden kann – ich habe das Gericht sogar schon mit gegrilltem Oktopus gesehen. Jeder Fisch, der beim Pochieren fest wird, funktioniert im Meeresfrüchte-Gazpacho gut.

1. Tomatensaft, Paprika, Zwiebel, Sellerie, Jalapeños, Avocadowürfel, Orangenschale und Orangensaft sowie Zitronensaft in einen großen Topf oder in eine große Schale geben. Gründlich verrühren und anschließend für mindestens 45 Minuten, besser für 2 Stunden, kühl stellen. Die Suppe sollte sehr kalt serviert werden.
2. Kurz vor dem Servieren Koriander, Garnelen, Krabbenfleisch und Austern unter die Suppe rühren. Auf Schalen verteilen und nach Belieben mit je 1 Spritzer Orangenlimonade darauf servieren.

(Überwiegend) Vegetarisch

Schwarze-Bohnen-Fajitasuppe

Aaron Hutcherson

Für 4 Portionen

480 ml **Gemüsebrühe**

2 Dosen **schwarze Bohnen** à 400 g, abgegossen und abgespült

2 EL **Olivenöl**

2 rote, grüne, gelbe oder orangefarbene **Paprikaschoten**, vom Kerngehäuse befreit und in Würfel geschnitten

1 kleine **rote Zwiebel**, abgezogen und in Würfel geschnitten

1 TL **Chilipulver**

1 TL **Kreuzkümmel**, gemahlen

Meer- oder **Steinsalz** und **schwarzer Pfeffer**, frisch gemahlen

2 **Knoblauchzehen**, abgezogen und fein gehackt

1 Glas **geröstete Tomaten**, 400 g, in Würfel geschnitten

Koriander, gezupft

Limetten, in Spalten geschnitten

Käse, gerieben

Avocado, gewürfelt

Sauerrahm

TIPP *Auch Veganer kommen bei diesem Gericht auf ihre Kosten – wenn sie Sauerrahm und geriebenen Käse weglassen.*

In meiner Vorstellung von Liebe hat Essen immer eine große Rolle gespielt – ob es sich dabei nun um eine Salamipizza handelt, die man sich an einem ruhigen gemeinsamen Abend teilt, oder um ein aufwendig zubereitetes Dinner, mit dem man einen hübschen Jungen beeindrucken will. Mit meinem ersten Freund konnte ich allerdings weder das eine noch das andere tun: Er war Vegetarier. Da mir Essen aber nun einmal so wichtig war, fragte ich mich, ob eine Beziehung mit ihm funktionieren könnte. Andere zu bekochen gehört für mich zum Ausdruck meiner Liebe unbedingt dazu, doch plötzlich hatte ich das Gefühl, mein diesbezüglicher Wortschatz würde eingeschränkt. Ich wollte für ihn kochen, wusste aber nicht, was. Aber das herauszufinden war er mir wert. Nach langem Kopfzerbrechen entschied ich mich für eine Fajita mit Paprika, Zwiebeln, schwarzen Bohnen und Reis. Das Gericht hier soll an diese Fajita erinnern: Es enthält all ihre köstlichen Beilagen, kommt jedoch im Gewand einer einfach zuzubereitenden Suppe daher, die ebenso tröstlich wie lecker ist.

1. Die Gemüsebrühe mit 170 Gramm schwarzen Bohnen in einen Mixer geben und glatt mixen.
2. Das Olivenöl in einem großen Topf bei mittlerer Temperatur erhitzen und Paprikawürfel, Zwiebelwürfel, Chilipulver sowie Kreuzkümmel mit etwas Salz und Pfeffer unter gelegentlichem Rühren etwa 5 Minuten darin andünsten, bis das Gemüse weich wird. Den Knoblauch hinzufügen und 1 bis 2 Minuten mitdünsten, bis er zu duften beginnt.
3. Die Tomatenwürfel, die restlichen schwarzen Bohnen sowie das Bohnenpüree dazugeben und die Mischung zum Kochen bringen. Anschließend die Hitze auf niedrige Temperatur reduzieren und die Mischung 10 bis 15 Minuten unter gelegentlichem Rühren köcheln lassen, bis die Suppe leicht eindickt. Mit Salz und Pfeffer würzen. Die Suppe entweder so lassen oder mit dem Pürierstab durchmixen.
4. Die Fajitasuppe auf Schalen verteilen und Korianderblätter, Limettenspalten, geriebenen Käse, Avocadowürfel sowie Sauerrahm als Toppings dazu servieren.

Risotto

mit gerösteten Algen und Erbsen

Eric Kim

Für 4 Portionen

1½ l ungesalzene **Gemüsebrühe**

2 EL **Butter**

2 mittelgroße **Schalotten**, abgezogen und fein gehackt

200 g **Arborio-** oder **Carnaroli-Reis**

120 ml **Sake**

1 Prise **Selleriesamen** (optional)

2 Beutel **geröstete Algenchips** à 5 g, mit den Händen zerbröselt

70 g **TK-Erbsen**

1 EL **geröstetes Sesamöl**

½ TL **Meer-** oder **Steinsalz** + etwas mehr zum Abschmecken

Für die Zubereitung eines Risotto braucht man vor allem eines: Zeit. Tatsächlich erfordert es eine gewisse Hingabe, sich eine halbe Stunde praktisch bewegungslos vor den Herd zu stellen. Es gibt kaum einen größeren Liebesbeweis, als für einen anderen Menschen einen Risotto zu rühren – daran merke ich immer, dass es mir mit der Beziehung ernst ist. Vielleicht erfasst der andere die tiefe Symbolik dieser Geste nicht, mir aber zeigt sie deutlich an, wie sehr ich mich auf ein Date freue. Dieses Rezept ist noch aus einem anderen Grund etwas Besonderes für mich: Es birgt in sich die Erinnerung an meine Kindheit. Wegen seiner Ähnlichkeit mit *juk*, einem koreanischen Reisbrei, nenne ich es gern meine asiatische Variante des italienischen Risotto. Als Sohn koreanischer Einwanderer in die Vereinigten Staaten bin ich meiner Mutter sehr dankbar, mir beigebracht zu haben, dass eine Handvoll zerbröselte geröstete Algenchips allem einen besseren Geschmack verleiht. Sesamöl als unerlässliche finale Zutat sorgt für den letzten Schliff, der alle Aromen des Gerichts vereint.

1. Die Gemüsebrühe in einem mittelgroßen Topf zum Kochen bringen. Anschließend die Hitze auf niedrige Temperatur reduzieren und die Brühe weiter sanft köcheln lassen.
2. In der Zwischenzeit die Butter in einem großen, tiefen Topf bei mittlerer Temperatur zerlassen. Die Schalotten hineingeben und in etwa 3 Minuten in der Butter glasig dünsten. Den Reis dazugeben und 2 Minuten anbraten, bis er sich golden verfärbt. Den Sake angießen, nach Belieben die Selleriesamen hinzufügen und alles kräftig verrühren. Weiterrühren, bis der Reis die Flüssigkeit aufgesogen hat.
3. Eine Schöpfkelle voll köchelnde Brühe dazugießen und weiterrühren, bis der Reis auch diese Flüssigkeit aufgesogen hat. So fortfahren, bis der Reis gar ist; das dauert insgesamt 25 bis 30 Minuten.
4. Zerbröselte geröstete Algenchips, Erbsen, Sesamöl und Salz unterrühren. Den Topf vom Herd nehmen und den Risotto mit Salz abschmecken. Sofort servieren.

★ Kichererbsenküchlein
mit Koriander-Minz-Chutney

Antoni Porowski

Für 4 Portionen

Für das Koriander-Minz-Chutney

75 g **geröstete Erdnüsse**

Blätter von 1 Bund **Koriander**

30 g **Minzeblätter**

Saft von 2 **Limetten**

1 **Serrano-Chilischote**, entkernt (optional)

2 TL **Ingwer**, gerieben

½ TL **Meer-** oder **Steinsalz** + etwas mehr zum Abschmecken

Für die Kichererbsenküchlein

1 Dose **Kichererbsen**, 400 g, abgegossen und abgespült

1 kleine **Zucchini**, geraspelt und ausgedrückt

80 g **TK-Mais**, aufgetaut

50 g **Karotten**, geraspelt

3 **Knoblauchzehen**, abgezogen und gerieben

½ TL **Ingwer**, gerieben

¼ TL **Cayennepfeffer**

½ TL **Kreuzkümmel**, gemahlen

½ TL **Koriander**, gemahlen

½ TL **Meer-** oder **Steinsalz**

30 g **Kichererbsen-** oder **Reismehl**

2 EL **Kokos-** oder ein anderes **Pflanzenöl** + bei Bedarf etwas mehr

einige dünne **Mangoscheiben**

Als Kind habe ich mich nach Struktur, bedingungsloser Liebe und dem Gefühl der Sicherheit gesehnt. Meine Eltern haben zwar ihr Möglichstes getan, trotzdem musste ich mich oft allein zurechtfinden, weshalb ich mir Menschen, zu denen ich aufsah, zum Vorbild nahm. Einmal brachte mir die Mutter meines besten Freundes bei, wie man Koriander-Minz-Chutney macht. Da einiges davon übrig blieb, durchforstete ich zu Hause den Kühlschrank nach Zutaten, die dazu passten – und stieß auf diejenigen für Kichererbsenküchlein. Ich ging also vom Chutney aus und fand heraus, wie ich es mit dem, was ich im Kühlschrank hatte, kombinieren könnte. Für mich steht das geradezu sinnbildlich dafür, wie ich mich durchs Leben bewege: Von den Großen lernen und dann herausfinden, wie man sich das Gelernte zu eigen machen kann. Wenn ich darüber nachdenke, was es bedeutet, Teil der LGBTQ+ Community zu sein, kommt mir als Erstes in den Sinn, dass sich viele von uns ihren eigenen Weg durchs Leben bahnen müssen, ohne dabei einem Rezept folgen zu können (das Wortspiel ist nicht beabsichtigt). Wir nehmen, was uns zur Verfügung steht, passen es an und entwickeln es weiter. Dieser Lebensweise wohnt eine wunderbare Freiheit inne – und der riesige Stolz, zur Community zu gehören.

1. Für das Koriander-Minz-Chutney die Erdnüsse mit der Küchenmaschine zu einer Masse mit sandartiger Konsistenz hacken. Koriander, Minze, Limettensaft, Chilischote, Ingwer und Salz dazugeben und alles zu einer glatten Mischung verarbeiten. Esslöffelweise Wasser unterrühren, bis das Chutney die gewünschte Konsistenz erreicht hat. Nochmals mit Salz abschmecken und bis zum Servieren kühl stellen.
2. Für die Kichererbsenküchlein die Kichererbsen in eine große Schüssel geben und mit einer Gabel oder einem Löffelrücken zerdrücken. Zucchiniraspel, Mais, Karottenraspel, Knoblauch, Ingwer, Cayennepfeffer, Kreuzkümmel, Koriander, Salz und Kichererbsenmehl dazugeben und alles gründlich vermengen.
3. Das Öl in einer großen Pfanne bei mittlerer bis hoher Temperatur fast bis zum Rauchpunkt erhitzen. Jeweils etwa 2 Esslöffel Teig mit den Händen zu Küchlein formen und diese portionsweise in 2 bis 3 Minuten pro Seite goldbraun in dem Öl ausbacken; dabei sollten rund 5 Zentimeter Abstand zwischen den Küchlein sein. Die fertigen Küchlein zum Abtropfen auf einen mit Küchenkrepp belegten Teller geben. Zwischendurch bei Bedarf noch etwas Öl in die Pfanne gießen.
4. Die Kichererbsenküchlein warm mit dem Chutney und einigen Mangoscheiben servieren.

Bangers and Mash

Diana Yen

Für 4 Portionen

Für die Zwiebelsauce

6 EL **Butter**

2 mittelgroße **Zwiebeln**, abgezogen und in dünne Scheiben geschnitten

2 EL **Mehl**

240 ml trockener **Rotwein**, z. B. Merlot

960 ml **Gemüsebrühe**

1 EL **Dijonsenf**

2 TL **Worcestershiresauce**

Meer- oder **Steinsalz** und **schwarzer Pfeffer**, frisch gemahlen

Für den Kartoffelbrei

900 g mehligkochende **Kartoffeln**, geschält und in Würfel geschnitten

4 EL **Butter**, zimmerwarm

2 EL **Milch**

Meer- oder **Steinsalz** und **schwarzer Pfeffer**, frisch gemahlen

Ich war mit meiner allerersten (und noch heutigen) Freundin gerade in der Flitterwochenphase, als ich mir dieses Gericht ausdachte. Als Köchin jemandem, den ich liebe, ein Rezept quasi auf den Leib zu schreiben, ist für mich enorm persönlich. Meine Freundin hatte mir erzählt, dass ihre Großmutter ihr als Kind in England immer den Klassiker »Bangers and Mash« – Würstchen mit Kartoffelbrei und Unmengen von Zwiebelsauce – zubereitet hatte. Die Art, wie sie davon schwärmte, machte mir gleich klar, dass es sich dabei um mehr als bloß um Essen gehandelt hatte: Es war Seelennahrung, zubereitet von jemandem, dem sie am Herzen lag und der ihr Geborgenheit und Freude schenken wollte. Einmal überraschte ich sie bei ihrer Rückkehr von einer langen Geschäftsreise mit Kerzenlicht und einer vegetarischen Interpretation dieses Kindheitsessens, bei dem ich die Würstchen durch eine selbst gemachte Variante auf Linsenbasis ersetzt hatte. Es war meine Art, ihr zu zeigen, dass wir eine Familie sind und ich mich immer um sie kümmern werde.

1. Für die Zwiebelsauce die Butter in einer großen Pfanne mit schwerem Boden bei mittlerer Temperatur zerlassen. Die Zwiebelscheiben hineingeben und in rund 10 Minuten in der Butter weich dünsten. Die Temperatur auf mittel bis niedrig reduzieren und die Zwiebeln zugedeckt unter gelegentlichem Rühren 20 bis 25 Minuten karamellisieren lassen. Das Mehl unterrühren und in 2 Minuten hellgoldbraun anbraten. Wein und Gemüsebrühe angießen und Senf sowie Worcestershiresauce hinzufügen; umrühren und dabei den Bratensatz vom Pfannenboden lösen. Die Mischung etwa 30 Minuten köcheln lassen, bis die Sauce eindickt. Mit Salz und Pfeffer würzen und zugedeckt bis zum Servieren warm halten.
2. Während die Sauce köchelt, die Linsen für die »Würstchen« vorbereiten: Diese dazu in einen großen Topf geben und mit kaltem Wasser bedecken; das Wasser sollte etwa 5 Zentimeter über den Hülsenfrüchten stehen. Bei hoher Temperatur zum Kochen bringen. Anschließend die Hitze auf mittlere Temperatur reduzieren und die Linsen in 25 bis 30 Minuten sehr weich kochen. Abgießen und gut abtropfen lassen.
3. In der Zwischenzeit für den Kartoffelbrei die Kartoffeln in einen weiteren großen Topf geben, ebenfalls mit kaltem Wasser bedecken und bei mittlerer Hitze zum Kochen bringen. In 10 bis 15 Minuten gar kochen. Abgießen und etwa 1 Minute ausdampfen lassen. Butter sowie Milch dazugeben und mit Salz und Pfeffer würzen. Alles zu einem lockeren, aber glatten Kartoffelbrei zerstampfen. Zugedeckt bis zum Servieren warm halten.
4. Für die »Würstchen« das Olivenöl in einer mittelgroßen Pfanne bei mittlerer bis hoher Temperatur erhitzen. Die Zwiebel dazugeben und unter häufigem Rühren in rund 6 Minuten goldfarben andünsten. Knoblauch hinzufügen und in etwa 2 Minuten weich dünsten. Kreuzkümmel sowie Cayennepfeffer unterrühren, anschließend die Pfanne vom Herd nehmen.
5. Ein Backblech mit Alufolie belegen und diese mit Olivenöl einfetten.

Für die »Würstchen«

300 g getrocknete **braune Linsen**

2 EL **Olivenöl extra vergine** + etwas mehr für das Blech und zum Bepinseln der »Würstchen«

1 mittelgroße **Zwiebel**, abgezogen und fein gehackt

2 **Knoblauchzehen**, abgezogen und fein gehackt

1½ TL **Kreuzkümmel**, gemahlen

¼ TL **Cayennepfeffer**

75 g **Semmelbrösel**

2 EL **Petersilie**, gehackt + etwas mehr zum Garnieren

1 EL **Thymianblätter**

2 **Eier** (Größe L), leicht verquirlt

1 EL **Meer-** oder **Steinsalz**

½ TL **schwarzer Pfeffer**, frisch gemahlen

6 In einer großen Schüssel die Linsen zerdrücken und gründlich mit der Zwiebelmischung, den Semmelbröseln, der Petersilie, dem Thymian, den verquirlten Eiern sowie Salz und Pfeffer vermengen. Die Masse zu etwa 10 Zentimeter langen und 4 Zentimeter dicken »Würstchen« formen. Der Teig sollte rund 16 »Würstchen« ergeben. Diese auf das vorbereitete Backblech legen und mit Olivenöl bepinseln.

7 Den Backofengrill einschalten.

8 Die »Würstchen« etwa 3 Minuten im Ofen grillen, dann wenden und nochmals 3 Minuten grillen. Sie sollten auf beiden Seiten goldbraun sein.

9 Kurz vor dem Servieren Kartoffelbrei und Zwiebelsauce bei Bedarf aufwärmen. Jeweils 1 großzügigen Klecks Kartoffelbrei auf Teller geben und die »Würstchen« darauf anrichten. Mit der Zwiebelsauce begießen. Mit Petersilie bestreut servieren.

Bucatini Aglio e Olio

Michael Marino & Jorge Moret

Für 4 Portionen

Meer- oder **Steinsalz**

450 g **Bucatini**

60 ml **Olivenöl extra vergine**

5 **Knoblauchzehen**, abgezogen und fein gehackt

1 **Sardellenfilet**, abgespült und fein gehackt

1 EL **Chiliflocken**

25 g **Semmelbrösel**

20 g **Pecorino Romano**, frisch gerieben

Jorge und ich haben uns 2008 kennengelernt, und nach drei Monaten ernsthafter Dates beschloss ich, ihn meinen Eltern vorzustellen. Und was wäre da besser gewesen, als ihn zu einem echt italienischen Sonntagsdinner einzuladen? Jorge war ziemlich nervös, ich aber war mir sicher, dass alles gut gehen würde, weil sich meine Familie nie abweisend zeigte und mir den Mann fürs Leben von Herzen gönnte. (Jemanden zu finden, mit dem zusammen man alt werden kann, ist aber auch schon die einzige auf Traditionalismus fußende Ansicht meiner Familie.) Ich hatte mich ihr gegenüber schon sehr früh geoutet – ich war damals 16 –, und deshalb konnte mich das gemeinsame sonntägliche Abendessen mit meinen Eltern nicht schrecken. Meine Mom bereitete dafür schnell ein paar Spaghetti Aglio e Olio zu, die in Italien vor allem dann auf den Tisch kommen, wenn man nicht viele Zutaten im Haus hat. Meine Eltern mochten Jorge auf Anhieb und er sie auch – eine wirklich erfolgreiche Zusammenkunft meiner Lieblingsmenschen um den Esstisch. Das Rezept hier ist unsere Version des Gerichts: mit knusprigen Semmelbröseln, dicken Bucatini und einer kleinen Sardelle, die für zusätzlichen Wohlgeschmack sorgt.

1. In einem großen Topf großzügig gesalzenes Wasser bei hoher Temperatur zum Kochen bringen und die Bucatini anschließend darin fast al dente garen. 1 Tasse Kochwasser abnehmen, dann die Nudeln abgießen.
2. In der Zwischenzeit 2 Esslöffel Olivenöl in einer großen Pfanne bei mittlerer Temperatur erhitzen. Den Knoblauch hineingeben und etwa 2 Minuten in dem Öl andünsten, bis er goldfarben ist. Sardellenfilet, Chiliflocken und Semmelbrösel hinzufügen. Rund 3 Minuten rösten, bis die Semmelbrösel zu bräunen beginnen. Die Pfanne vom Herd nehmen.
3. Die Nudeln zur Semmelbröselmischung in der Pfanne geben und bei mittlerer Temperatur erhitzen. Das restliche Olivenöl unterrühren und dabei alles gründlich vermengen. Ist die Pasta zu trocken, etwas von dem abgenommenen Kochwasser angießen und noch etwa 2 Minuten weiterköcheln lassen, bis die Sauce eine seidige Konsistenz aufweist.
4. Die Pasta auf Teller verteilen und mit frisch geriebenem Pecorino Romano bestreut servieren.

General Tsos Blumenkohl

Zac Young

Für 2–4 Portionen

Für die Sauce

60 ml **Sojasauce**

60 ml **Reisessig**

60 ml **Mirin** (süßer Reiswein) oder **Sherry**

50 g **heller brauner Zucker**

1 TL **geröstetes Sesamöl**

1 EL **Speisestärke**

1 EL **Erdnuss-** oder ein anderes **Pflanzenöl**

3 **Knoblauchzehen**, abgezogen und fein gehackt

1 EL **Ingwer**, fein gehackt

6 getrocknete **rote Chilischoten** oder **Chiliflocken**

Für den Blumenkohl

1,4 – 2 l **Erdnuss-** oder ein anderes **Pflanzenöl**

60 g **Mehl**

60 g + 1 EL **Speisestärke**

½ TL **Backpulver**

1 Prise **Meer-** oder **Steinsalz**

2 **Eiweiß** von Eiern Größe L

1 EL **Wodka**

1 TL **Sojasauce**

1 mittelgroßer oder großer Kopf **Blumenkohl**, in kleine Röschen geteilt

In einem geradezu enervierend freigeistigen und toleranten Zuhause aufzuwachsen machte das Outen als Schwuler für mich fast zur Nebensache. Mein »Genau, ich bin schwul«-Augenblick fand in unserer kaum benutzten Küche statt, als wir uns etwas vom Chinesen Geholtes gönnten. Meine sich vegan ernährende Mutter stocherte in ihrem gedämpften Tofu mit Naturreis herum und fragte: »Erinnerst du dich noch an Lisa?« Natürlich erinnerte ich mich an Lisa: Sie war seit meinem siebten Geburtstag meine Regisseurin gewesen. »Sie verlässt das Children's Theatre of Maine und will jetzt Theater für schwule und lesbische Kids machen.« Als professionelle Therapeutin wusste meine Mutter, wie man einen Köder auswirft, doch an diesem Abend kam ich ihrem Angelausflug zuvor. »Falls du mich fragen willst, ob ich schwul bin, dann ist die Antwort: ja. Kannst du mir jetzt bitte die Stäbchen rüberreichen?« Wenn meine Mutter an diesem Abend enttäuscht war, dann vom Nährwert von General Tsos Hühnchen, der gebratenen Schweinefleischklößchen und der scharf-sauren Suppe, die ich in mich hineinschlang. In Erinnerung an diesen Abend und um meine Mutter stolz zu machen, gibt es hier die Veggie-Version meines Lieblings-Liefergerichts, mit Blumenkohl statt mit Hühnchen zubereitet.

1. Für die Sauce in einer kleinen Schüssel Sojasauce, Reisessig, Mirin, braunen Zucker und Sesamöl verrühren. Die Speisestärke dazugeben und glatt rühren.
2. Das Erdnussöl in einer großen Pfanne bei mittlerer Temperatur erhitzen und Knoblauch, Ingwer sowie Chili in rund 2 Minuten darin weich dünsten. Die Sojasaucenmischung hinzufügen und unter konstantem Rühren etwa 1 Minute mit erhitzen, bis die Sauce zu kochen beginnt. Anschließend die Pfanne vom Herd nehmen.
3. Für den Blumenkohl das Erdnussöl in einem großen Schmor- oder einem anderen Topf mit schwerem Boden bei mittlerer bis hoher Temperatur auf 175 °C erhitzen.
4. Mehl, 60 Gramm Speisestärke, Backpulver und Salz in einer mittelgroßen Schüssel verrühren und beiseitestellen.
5. Das Eiweiß in eine große Schüssel geben und für etwa 1 Minute kräftig verquirlen. Wodka, Sojasauce und 1 Esslöffel Speisestärke dazugeben und glatt rühren.
6. Etwa die Hälfte der Blumenkohlröschen in die Eiweißmischung geben und gründlich vermengen. Mit einer Hand – ab jetzt die »feuchte Hand« – portionsweise in die Mehlmischung geben. Den Blumenkohl mit der anderen Hand in der Mehlmischung wenden, dabei das Mehl leicht andrücken.
7. Die panierten Blumenkohlröschen portionsweise 3 bis 5 Minuten in dem heißen Öl goldbraun frittieren; die genaue Frittierzeit hängt von der Größe der Röschen ab. Mit einem Schaumlöffel herausheben und auf einem mit Küchenkrepp belegten Teller abtropfen lassen. Das Öl zwischen den Portionen immer wieder auf 175 °C erhitzen.

8 Kurz vor dem Servieren die Sauce bei mittlerer Temperatur erwärmen. Ist sie inzwischen zu dick, esslöffelweise Wasser unterrühren, bis sie die gewünschte Konsistenz wieder erreicht hat. Den frittierten Blumenkohl in der Sauce wenden und sofort servieren.

Blumenkohlsandwiches

mit geräuchertem Gouda und Peppadews

Amelia Rampe

Für 4 Portionen

1 großer Kopf **Blumenkohl**, von Blättern befreit und geputzt

3 EL **Olivenöl extra vergine**

Meer- oder **Steinsalz** und **schwarzer Pfeffer**, frisch gemahlen

110 g **geräucherter Gouda** oder **Provolone**, gerieben

1 mittelgroße **Schalotte**, abgezogen und in feine Ringe geschnitten

1 große **Knoblauchzehe**, abgezogen und in feine Scheiben geschnitten

1 Prise **Chiliflocken**

1 Bund **Mangold**, entstielt und in ca. 5 cm große Stücke gezupft

4 **Hotdogbrötchen**

Mayonnaise

50 g **Peppadews** (kleine, süß-pikant eingelegte Paprikaschoten), gehackt

Bei meinem Coming-out war ich ein bisschen ein Spätzünder. Nach unzähligen Debatten mit meiner Familie über das Thema war mir klar, dass auch ein Outing meinerseits ihre Meinung darüber nicht ändern würde. Nachdem ich meinen Mann geheiratet hatte, fühlte ich endlich die notwendige Liebe und Unterstützung, die ich für diesen Schritt brauchte – ihm konnte ich die Wahrheit sagen. Rund sechs Jahre später outete sich meine Tochter Anastasia, damals 17, mir gegenüber als bi. Als sie begann, sich mir zu erklären, schoss mir so vieles durch den Kopf, beispielsweise die zahlreichen Geschichten von Eltern-Kind-Coming-outs – manche davon unangenehm, viele schmerzhaft. Wie ich in diesem Augenblick reagierte, könnte, würde ihre Zukunft und unsere Beziehung für immer prägen. Ich sah ihr in die Augen, nahm sie fest in den Arm und sagte: »Ich auch.« Auf ihrem Gesicht machte sich Erleichterung breit. Nichts hatte sich verändert, und wie an jedem anderen Abend auch bereitete ich das Abendessen zu, und dann aßen wir gemeinsam. Was es gab? Blumenkohlsandwiches – eines unserer Lieblingsessen – mit Mangold, Peppadews und geschmolzenem Gouda. Schnell, lecker und ungeheuer tröstlich.

1. Den Backofen auf 230 °C vorheizen.
2. Den Blumenkohl in Röschen teilen und diese nebeneinander auf einem Backblech verteilen. Mit 2 Esslöffel Olivenöl beträufeln und großzügig mit Salz und Pfeffer würzen.
3. Die Blumenkohlröschen 20 Minuten im Ofen rösten, bis sie zu bräunen beginnen. Aus dem Ofen nehmen, vorsichtig wenden und anschließend im Ofen 5 bis 10 Minuten weiterrösten, bis sie goldbraun und weich sind. Wieder aus dem Ofen nehmen und in vier Portionen teilen. Jede Portion sofort mit geriebenem Gouda bestreuen, sodass der Käse auf dem Blumenkohl schmilzt. Den Backofen eingeschaltet lassen.
4. In der Zwischenzeit das restliche Olivenöl in einer großen Pfanne bei mittlerer Temperatur erhitzen. Schalotte, Knoblauch und Chiliflocken sowie je 1 Prise Salz und Pfeffer hineingeben und alles 2 bis 3 Minuten dünsten, bis die Schalotte glasig ist. Die Temperatur auf mittel bis hoch erhöhen, den Mangold in die Pfanne geben und in etwa 3 Minuten welken lassen.
5. Die Hotdogbrötchen längs fast vollständig aufschneiden, eine lange Seite sollte dabei intakt bleiben. Auf den Ofenrost legen und 2 bis 3 Minuten im Ofen aufbacken.
6. Zum Fertigstellen die Brötchen auf beiden Innenseiten mit Mayonnaise bestreichen. Vorsichtig je 1 Portion Blumenkohl auf die untere Brötchenhälfte setzen und gedünsteten Mangold sowie die Peppadews drum herum anrichten. Die Brötchenhälften schließen und die Blumenkohlsandwiches servieren.

Pasta Puttanesca

Karen Akunowicz

Für 4 Portionen

Meer- oder **Steinsalz**

60 ml hochwertiges **Olivenöl**

4 große **Knoblauchzehen**, abgezogen und in dünne Scheiben geschnitten

1 Dose **stückige Tomaten**, 800 g, vorzugsweise San Marzano

70 g aromatische **Oliven**, z. B. Lucques, Cerignola oder Picholine, halbiert und entsteint

3 **Sardellenfilets**, abgespült, trocken getupft und gehackt

1½ EL **Kapern**, abgegossen und abgespült

1 EL **Oreganoblätter**

½ TL **Chiliflocken** aus Kalabrien, zerbröselt

schwarzer Pfeffer, frisch gemahlen

450 g **Linguine**

2 EL **glatte Petersilie**, gehackt

Alles begann mit Puttanesca. Ich hatte das College gerade ein paar Jahre hinter mir, arbeitete für eine gemeinnützige Organisation und war bis über beide Ohren in eine Kollegin verliebt, die auf meine wenig subtilen Annäherungsversuche jedoch nicht reagierte. Bis ich ihr sagte, dass ich für sie kochen wollte. Sie strahlte. »Okay, um wie viel Uhr …?« Nach der Arbeit stürmte ich in meinen Lieblingsbuchladen und durchwühlte die Regale nach etwas, das mich in eine Küchengöttin verwandeln würde. Und stieß auf ein Rezept für Pasta Puttanesca. Der italienischen Legende nach versuchen überwiegend nachts arbeitende Frauen, mit der pikanten Sauce Männer zu sich zu locken. Genau so etwas brauchte ich! Als ich die Pasta zubereitete, war es wie Magie: das schimmernde Olivenöl, der Duft des Knoblauchs und schließlich das Verschmelzen aller Aromen zu einer aufsehenerregenden, würzigen Sauce. In diesem Augenblick habe ich mich in das Kochen verliebt: das Zubereiten; den Akt, jemanden zu nähren; die Chemie, Dinge miteinander zu verbinden. Rückblickend weiß ich, dass die Sauce furchtbar war. Ich bin mir sicher, dass ich vergessen habe, die Kapern abzuspülen, dass ich frische statt Dosentomaten verwendet habe und dass die Nudeln weit mehr als al dente waren. Aber: Das Mädchen habe ich bekommen! Und auch heute noch ist die Puttanesca eine meiner Lieblingssaucen. Sie geht schnell, ist leicht zuzubereiten und besitzt einen erdig-pikanten Geschmack – das perfekte Beispiel für die süditalienische Küche.

1. In einem großen Topf großzügig gesalzenes Wasser bei hoher Temperatur zum Kochen bringen.
2. In der Zwischenzeit das Olivenöl in einem mittelgroßen Topf mit schwerem Boden bei mittlerer bis hoher Temperatur erhitzen. Den Knoblauch hineingeben und in etwa 30 Sekunden goldfarben darin anbraten, bis er zu duften beginnt. Mit einem Holzlöffel die Tomaten unterrühren, anschließend Oliven, Sardellen, Kapern, Oregano und Chiliflocken hinzufügen. Die Temperatur auf mittel bis niedrig reduzieren und die Sauce rund 8 Minuten köcheln lassen, bis sie eindickt. Mit Salz und Pfeffer würzen.
3. Während die Sauce köchelt, die Linguine ins kochende Salzwasser geben und in etwa 6 Minuten al dente garen. ½ Tasse Kochwasser abnehmen und unter die Sauce rühren, dann die Nudeln abgießen.
4. Die Linguine in die Sauce geben und alles bei niedriger Hitze gründlich vermengen. Mit der Petersilie garniert servieren.

Reis-Bowl

mit gebratenem Knoblauch und kurkumapochiertem Ei

Sana Javeri Kadri

Für 2 Portionen

1½ l **Gemüsebrühe**

Meer- oder **Steinsalz** oder **Dashi-Brühpulver**

300 g **Reis**, z. B. Naturreis oder Sushireis *(siehe Tipp)*

1 EL **destillierter weißer Essig**

1 TL **Kurkuma**, gemahlen

2 **Eier** (Größe L)

120 ml **Olivenöl**

6 **Knoblauchzehen**, abgezogen und in dünne Scheiben geschnitten

70 g **Sprossen** (z. B. Erbsensprossen)

75 g **Kimchi**, gehackt

TIPP *Wer klebrigeren Reis bevorzugt, spült den Reis nicht ab. Soll der Reis lockerer sein, die Körner so lange spülen, bis das Wasser klar ist.*

Ich hatte mein Coming-out mit Anfang 20, als ich lernen musste, für mich allein zu sorgen, und sich jedes selbst gekochte Essen immer wie ein kleiner Sieg anfühlte. Indem ich zu kochen lernte, lernte ich auch zu überleben, und so wurde Kochen zur größten Leidenschaft meines Lebens. Ich verließ Mumbai, weil ich mich dort abgewiesen fühlte, kehrte später jedoch zurück und machte meinen Frieden mit der Stadt. Dadurch fand ich zu mir selbst, zu meiner queeren Identität und zu meiner Aufgabe im Leben – ich kam nach Hause, in mehr als einem Sinn des Wortes. Heute teile ich meine Zeit zwischen Mumbai und Oakland auf, wo ich mit meiner Partnerin Rosie lebe. Sie ist meine selbst erklärte Carbie-Barbie, meine absolut umwerfende Freundin, die mir beigebracht hat, Kohlenhydrate nicht mehr zu verschmähen, gut zu essen und genau zu wissen, dass mein Körper nur in Höchstform sein kann, wenn er Nahrung bekommt. Ich liebe sie über alles. Unsere Küche verbindet indische, kalifornische, japanische und norditalienische Einflüsse, die jeden satt und glücklich machen. Und das allein bereitet mir eine Freude, von der ich nie zu träumen gewagt hätte. Diese alles andere als trockene, sättigende Reis-Bowl ist zwar simpel, für mich aber das ideale Abendessen. Die leckere Reisschale, die ich gemeinsam mit meinem Schatz genieße, ist sinnbildlich für die Art von queerem Leben, die ich nie für möglich gehalten hätte – und die doch wahr ist.

1. Gemüsebrühe und 1 Teelöffel Salz in einem mittelgroßen Topf bei mittlerer bis hoher Temperatur zum Kochen bringen. Den Reis hineingeben und zugedeckt bei niedriger Temperatur rund 20 Minuten köcheln lassen, bis er etwa zwei Drittel der Flüssigkeit aufgesogen hat. Danach ist der Reis aufgequollen, es befindet sich aber noch köchelnde Brühe im Topf. Diesen vom Herd nehmen und den Reis zugedeckt mindestens weitere 15 Minuten quellen lassen. Mit Salz abschmecken.

2. In einem mittelgroßen Stieltopf 1 Liter Wasser bei hoher Temperatur zum Kochen bringen. Essig und Kurkuma hineingeben. Die Temperatur auf mittel bis niedrig reduzieren und das Wasser sanft köcheln lassen. Die Eier getrennt in kleinen Schüsseln aufschlagen. Mit einem Holzlöffel im Uhrzeigersinn im Wasser rühren, um einen Wirbel zu erzeugen. Die Eier nacheinander vorsichtig in den Wasserwirbel gleiten lassen und 3 bis 4 Minuten im Wasser kochen. Das Eiweiß sollte fest, das Eigelb noch leicht flüssig sein. Die Eier mit einem Schaumlöffel herausheben und auf einen mit Küchenkrepp belegten Teller geben.

3. Das Olivenöl in einer kleinen Pfanne bei mittlerer Temperatur erhitzen. Den Knoblauch hineingeben und in 2 bis 3 Minuten goldbraun und knusprig braten. Ebenfalls mit einem Schaumlöffel herausheben und auf einen mit Küchenkrepp belegten Teller geben. Mit Salz bestreuen. Das knoblaucharomatisierte Öl kann für eine andere Verwendung aufbewahrt werden.

4. Zum Fertigstellen den Reis auf Schalen verteilen und jeweils 1 pochiertes Ei darauf anrichten. Mit Erbsensprossen, Kimchi und gebratenem Knoblauch garnieren und warm servieren.

Karottensalat

mit Ahornsirup-Tahini-Dressing

Sean Dooley

Für 4 Portionen

70 g **Tahini** (Sesampaste)

2 EL **Zitronensaft**, frisch gepresst

1 EL **Ahornsirup**

1 EL **geröstetes Sesamöl**

1 TL **Meer-** oder **Steinsalz**

½ TL **Chiliflocken**

450 g bunte **Karotten**

6 **Medjool-Datteln**, entsteint und in Scheiben geschnitten

2 EL **schwarze** und **weiße Sesamsamen**, geröstet

4 g **Korianderblätter**

In meiner Zeit als junger Student während der »Don't ask, don't tell«-Ära in New York war ich auf der Suche nach meiner Identität – in einer Stadt, die genauso verwirrt schien wie ich selbst. Ich unterbrach mein Studium für eine einjährige Ausbildung auf einer der wenigen Bio-Farmen der Region in Jamesport auf der North Fork von Long Island. Durch diese Auszeit vom geschäftigen Treiben der Stadt konnte ich mich auf mich konzentrieren und mich in meiner Sexualität zurechtfinden. Zudem bekam ich die Gelegenheit, queere Farmer kennenzulernen und mein Wissen über die Vielfalt an Zutaten zu erweitern, die zwar erhältlich sind, aber nicht überall angebaut werden. Eine meiner ersten Aufgaben als Azubi bestand darin, bei der Ernte von Frühlingskarotten zu helfen. Da ich bis dahin nur Karotten aus dem Supermarkt gekannt hatte, war dies meine erste authentische Begegnung mit der bescheiden daherkommenden Zutat, die ich alsbald ungeheuer zu schätzen lernte. Bei diesem Rezept sind rohe Karotten der Star auf dem Teller, denn so kommen ihre Farbe, ihre Konsistenz und ihre Süße besonders gut zur Geltung. Das salzige, dabei aber auch subtil süße Tahinidressing rundet den erdigen Geschmack des Gemüses ab, während ihm der Koriander eine Kräuternote verleiht.

1. Tahini, Zitronensaft, Ahornsirup, Sesamöl, Salz und Chiliflocken in einer kleinen Schüssel verrühren. Bei Bedarf das Dressing mit Wasser auf die gewünschte Konsistenz verdünnen.
2. Die Karotten längs mit einem Sparschäler in dünne Streifen hobeln. Die Karottenstreifen in ein Eisbad geben, damit Farbe und Knackigkeit des Gemüses bis zum Anmachen des Salats erhalten bleiben. Anschließend abgießen und trocken tupfen.
3. In einer großen Schüssel Karottenstreifen und Datteln vermengen. Das Dressing darübergießen und noch einmal alles gründlich vermengen. Den Karottensalat auf einer Servierplatte anrichten und mit Sesamsamen sowie Korianderblättern bestreut servieren.

Petersiliensalat

mit Eiervinaigrette

Rebekah Peppler

Für 4 Portionen

1 große **Schalotte**, abgezogen und fein gehackt

1 kleine **Knoblauchzehe**, abgezogen und gerieben

2 EL **Weißweinessig**

½ TL **Ahornsirup**

1½ TL **grobkörniger Dijonsenf**

2 EL **Grapefruitsaft**, frisch gepresst

feines **Meersalz** und **schwarzer Pfeffer**, frisch gemahlen

1 **Ei** (Größe L)

3–4 EL **Olivenöl extra vergine**

abgezupfte Blätter von 2 großen Bund **glatter Petersilie**

Meersalzflocken

Meine Ex macht eine verdammt gute Vinaigrette. Zwar bekommen kräftigere Dressings den Großteil der Aufmerksamkeit – das Caesar-Salad-Dressing etwa, das Green-Goddess-Dressing oder, *mon dieu*, das French Dressing –, doch die Zubereitung einer exzellenten Vinaigrette ist eine Kunst für sich: subtil, sexy. Exaktes Abmessen oder exakte Zutaten reichen dafür nicht aus; die Vinaigrette zu perfektionieren dauert. Dabei muss man immer wieder abschmecken, gucken, was noch im Kühlschrank ist, hier und da eine Prise Salz hinzufügen, Fingerspitzengefühl walten lassen und feinjustieren. Und wenn man dann schließlich etwas wirklich Besonderes aus ganz gewöhnlichen Vorratsschrankzutaten geschaffen hat, verwandelt die Vinaigrette ihrerseits unscheinbares Blattgrün in etwas, für das es sich lohnt, Platz auf dem Teller zu machen. Mit der Trennung entschwanden auch diese Vinaigrette zaubernden Fingerspitzen aus meinem Leben, und ich – durchaus keine Fremde in meiner Küche – musste mich erst wieder an ein Singledasein gewöhnen, in dem die Vinaigrette auf Ölbasis zubereitet wird und fertig. Etwa zu der Zeit, zu der ich mich wieder zu verabreden begann, stieß ich auf eine Vinaigrette, die sich auf Kräftiges-Dressing-Terrain vorwagt. Zwar besteht auch sie aus den Vorratsschrankessentials, wird aber durch das Eigelb eines Vier-Minuten-Eis gehörig aufgepeppt. Sie ist scharf und süß und säuerlich und leicht ölig – perfekt fürs dritte Date, würde ich sagen. In diesem Rezept wird das Dressing mit Petersilie vermengt, ihr könnt dafür aber auch alles andere Grüne verwenden, auf das ihr momentan steht.

1. In einer mittelgroßen Schüssel Schalotte, Knoblauch, Essig, Ahornsirup, Senf und Grapefruitsaft vermengen. Mit feinem Meersalz und Pfeffer würzen und ziehen lassen, damit sich die Aromen verbinden können.
2. In der Zwischenzeit das Ei zubereiten. Dafür in einem kleinen Topf Wasser bei mittlerer bis hoher Temperatur zum Kochen bringen und ein Eisbad in einer kleinen Schüssel bereitstellen. Das Ei mithilfe eines Schaumlöffels vorsichtig ins kochende Wasser gleiten lassen und 4 Minuten darin kochen; dabei immer wieder die Temperatur so anpassen, dass das Wasser sanft sprudelt. Anschließend das Ei herausheben, ins Eisbad legen und etwa 2 Minuten abkühlen lassen.
3. Die Eierschale mit einem Löffelrücken rundum aufklopfen, dann das Ei pellen. Zur Schalottenmischung geben und mit einer Gabel klein drücken. Das Olivenöl in einem dünnen Strahl dazugießen und mit der Gabel verrühren, bis das Dressing bindet. Noch einmal mit feinem Meersalz und Pfeffer abschmecken.
4. Die Petersilie in eine große Servierschüssel geben und das Dressing darübergießen. Gründlich vermengen. Mit Meersalzflocken bestreut servieren.

Rote-Bete-Borschtsch

Liz Alpern

Für 8 Portionen

4 mittelgroße **Tomaten**

3 EL **Olivenöl**, **Butter** oder ausgelassenes **Hühnerfett**

2 mittelgroße **Zwiebeln**, abgezogen und in Scheiben geschnitten

2 mittelgroße **Karotten**, gehackt

4 Stangen **Sellerie**, gehackt

675 g **Rote Bete**, geschält und gehackt

2 l **Hühner-**, **Gemüse-** oder **Rinderbrühe**

3 **Knoblauchzehen**, abgezogen und zerdrückt

2 **Lorbeerblätter**

2 EL **schwarze Pfefferkörner**

2 EL **Kümmelsamen**

2 EL **Apfelessig**

Meer- oder **Steinsalz**

Sauerrahm, **Schnittlauchröllchen** und gehackter **Dill** als Toppings

TIPP *Den Borschtsch wenn möglich am Vortag zubereiten, weil auch diese Suppe wie die meisten anderen am nächsten Tag noch besser schmeckt.*

Meine Eltern mochten keine Rote Bete, weshalb ich trotz meiner osteuropäischen Wurzeln praktisch rote-bete- und borschtschlos aufgewachsen bin. Je mehr ich mich jedoch meiner kulinarischen Karriere widmete und je mehr raffinierte Rote-Bete-Gerichte ich probierte, desto mehr änderte sich meine Beziehung zu dem Gemüse. Seine Vielseitigkeit, sein unleugbar erdiger Geschmack und seine spektakuläre Farbe beeindruckten mich. Als ich also mein osteuropäisch-jüdisches Foodunternehmen – The Gefilteria – gründete, gehörte Rote-Bete-Borschtsch zu den ersten Gerichten, die ich mir von den Alteingesessenen von Brighton Beach, Brooklyn, abschaute. Jahre später war Borschtsch eine jener Suppen, die ich für die Queer Soup Night zubereitete, meine karitative Veranstaltung zum Zweck des Spendensammelns, bei der hauptsächlich queere Küchenchefs kochen, und zwar hauptsächlich Suppen. Und so bedeutet Borschtsch für mich heute paradoxerweise doch noch Heimat: Der appetitanregende Duft des Gerichts erzeugt in mir imaginäre Kindheitserinnerungen und kitzelt gleichzeitig meinen Gaumen. Dies hier ist das Grundrezept für die Suppe mit dem zusätzlichen Aroma einer kümmelgewürzten Brühe. Natürlich gibt es auch noch andere Arten von Borschtsch – in grünem und weißem Borschtsch etwa kommt überhaupt keine Rote Bete vor. Am besten probiert man sie alle aus!

1. In einem kleinen Topf Wasser zum Kochen bringen und ein Eisbad in einer mittelgroßen Schüssel bereitstellen.
2. In die Unterseiten der Tomaten jeweils ein X schneiden, dann die Tomaten ins kochende Wasser geben und etwa 1 Minute darin garen, bis sich die Haut abzulösen beginnt. Die Tomaten mit einem Schaumlöffel herausheben und ins Eisbad legen. Haben sie sich so abgekühlt, dass man sie anfassen kann, die Tomaten häuten und klein hacken, dabei Stielansätze und Samen entfernen.
3. Das Olivenöl in einem großen Topf bei mittlerer Temperatur erhitzen und die Zwiebeln in rund 10 Minuten darin goldbraun dünsten. Karotten, Sellerie sowie Rote Bete hinzufügen und in weiteren 10 Minuten weich garen. Die Tomaten unterrühren und die Brühe angießen; dabei mit einem Holzlöffel den Bratensatz vom Topfboden lösen. Die Mischung zum Kochen bringen.
4. In der Zwischenzeit Knoblauch, Lorbeerblätter, Pfefferkörner und Kümmelsamen in ein Mullsäckchen geben und dieses mit Küchengarn verschließen.
5. Das Gewürzsäckchen in die Suppe geben und die Hitze auf niedrige Temperatur reduzieren. Die Suppe zugedeckt etwa 1 Stunde köcheln lassen.
6. Den Topf vom Herd nehmen. Das Gewürzsäckchen herausfischen und entsorgen. Die Suppe mit dem Pürierstab bis zur gewünschten Konsistenz durchmixen, anschließend den Apfelessig esslöffelweise unterrühren. Die Suppe mit Salz würzen.
7. Den Borschtsch auf Teller verteilen und mit jeweils 1 großzügigen Klecks Sauerrahm sowie mit Schnittlauchröllchen und gehacktem Dill bestreut servieren.

Spargelnester

mit Salsa Verde und weichen Eiern

Preeti Mistry

Für 4 Portionen

3 Stängel von **jungem Knoblauch** oder 3 **Frühlingszwiebeln**, Grünes und Weißes fein gehackt

240 ml **Weißweinessig**

120 ml neutrales **Pflanzenöl** nach Wahl, z. B. Rapsöl

1 TL **schwarzer Pfeffer**, frisch gemahlen

1 TL **Meer-** oder **Steinsalz** + etwas mehr zum Abschmecken

4 **Enteneier** oder 4 **Hühnereier** (Größe L)

1 Bund **grüner Spargel**, im unteren Drittel geschält

1 EL **Butter**

115 g frische **Curryblätter** *(siehe Tipp)*

1 TL **Ingwer**, fein gehackt

1 TL **Kashmiri-Chilipulver**

abgezupfte Blätter von 2 Zweigen **Minze**, gehackt

TIPP *Curryblätter gibt es frisch oder tiefgefroren im Asialaden oder im gut sortierten Supermarkt. Sind keine zu bekommen, können sie durch Thai-Basilikum und einen Spritzer frisch gepressten Limettensaft ersetzt werden. Beides sollte dem Spargel in der letzten Garminute zugegeben werden.*

Ich bin in einem Haushalt indischer Einwanderer aufgewachsen und lernte Spargel deshalb erst im Erwachsenenalter kennen. Meine Frau allerdings hat Spargel schon als Kind gegessen, es ist eines ihrer absoluten Lieblingsgemüse. Das Gericht hier setzt den nur in einem kurzen Zeitraum frisch erhältlichen Spargel glanzvoll in Szene; in Oakland, Kalifornien, beispielsweise bekommt man ihn lediglich von April bis Anfang Juni. Neben einigen indischen Aromen enthält dieses Gericht auch Butter und Eier – in Europa die traditionellen Begleiter von Spargel –, die die kräftigen Gewürze etwas abmildern. Für mich stehen die Spargelnester mit Salsa Verde und weichen Eiern symbolisch für die Beziehung mit meiner Frau: ihre Liebe für das europäische Gemüse kombiniert mit meiner Liebe für indische Gewürze.

1. In einer mittelgroßen Schüssel gehackte Knoblauchstängel, Weißweinessig, Öl, Pfeffer und Salz zu einer Salsa Verde verrühren und bis zum Servieren beiseitestellen.
2. In einem großen Stieltopf Wasser bei mittlerer bis hoher Temperatur zum Kochen bringen. In einer mittelgroßen Schüssel ein Eisbad bereitstellen.
3. Die Eier vorsichtig ins kochende Wasser geben und 6 Minuten darin kochen. Mit einem Schaumlöffel herausheben und in das Eisbad legen. Etwa 5 Minuten abkühlen lassen, anschließend pellen.
4. Den Spargel in etwa 5 Zentimeter große Stücke schneiden.
5. Die Butter in einen mittelgroßen Topf geben und bei mittlerer Temperatur erhitzen, bis sie zu bräunen beginnt. Das dauert rund 2 Minuten. Curryblätter und Ingwer dazugeben und etwa 1 Minute in der Butter andünsten, bis sie zu duften beginnen. Dabei können die Curryblätter leicht knistern.
6. Den Spargel hinzufügen und je nach Dicke der Stangen 5 bis 7 Minuten braten; er sollte weich sein, aber noch Biss haben. Anschließend mit Chilipulver und Salz würzen. Den Topf vom Herd nehmen.
7. Die Spargelstücke als Nester auf Tellern anrichten. In jedes Nest 1 weich gekochtes Ei legen. Die Eier aufschneiden. Das Gericht mit der Salsa Verde beträufelt und mit gehackten Minzeblättern bestreut sofort servieren.

Beilagen

Hoppin’ John Salad

mit einer Vinaigrette aus warmem Entenfett

Deborah VanTrece & Lorraine Lane

Für 12 Portionen

Für den Salat

4 Dosen **Schwarzaugenbohnen** à 425 g, abgegossen und abgespült

300 g gekochter **weißer Reis**, abgekühlt

225 g **Bacon**, gebraten und zerbröselt

2 **rote Paprikaschoten**, vom Kerngehäuse befreit und in Würfel geschnitten

1 mittelgroße **rote Zwiebel**, abgezogen und in Würfel geschnitten

4 mittelgroße **Tomaten**, in Würfel geschnitten

2 Stangen **Sellerie**, in Würfel geschnitten

50 g **Frühlingszwiebeln**, in feine Ringe geschnitten

12 g **glatte Petersilie**, gehackt

2 **Jalapeños**, entkernt (optional) und gehackt

2 EL **Aceto balsamico**

1 TL **Meer-** oder **Steinsalz**

1 TL **schwarzer Pfeffer**, frisch gemahlen

200 g **Grünkohl**, entstielt und grob gehackt

Für das Dressing

120 ml **Entenfett** oder hochwertiges **Olivenöl**

2 **Knoblauchzehen**, abgezogen und zerdrückt

3 EL **Schalotten**, fein gehackt

120 ml **Apfelessig**

2 EL **Dijonsenf**

3 EL **Honig**

1 TL **Gewürzsalz**

1 TL **Zwiebelpulver**

1 TL **Knoblauchpulver**

Schwarzaugenbohnen und eine Vinaigrette mit Entenfett – das klingt nach einer ungewöhnlichen Kombination, ist aber eine echte Lorraine-und-Deborah-Kollaboration. Sie kommt zustande, wenn Stadtmädchen auf Landmädchen trifft, wenn man eine Diva mit langen Beinen, Raffinesse und Stil mit der Schlichtheit von Peppermint Patty paart. Unsere gemeinsame Liebe zum Essen und Kochen war immer schon ein wichtiger Teil unserer Beziehung, vom Tag, als wir uns begegneten, bis zur Eröffnung unseres Restaurants Twisted Soul Cookhouse & Pours und darüber hinaus. Lorraine ist das Talent und Deborah … nun ja, die Bohnen, zumindest in diesem Rezept. In der Küche haben wir schon früh Südstaatenklassiker mit kulinarischem Flair kombiniert, denn fast nichts lieben wir mehr, als die Grundzutaten aus der Südstaatenküche in ein neues Gewand zu kleiden. In diesem Rezept verleiht das reichhaltige Entenfett den Hülsenfrüchten ein ganz erstaunliches neues Aroma – wer Ersteres im Supermarkt oder beim Metzger um die Ecke nicht bekommt, kann es auch durch ein hochwertiges Olivenöl ersetzen. Unsere Partnerschaft sowohl in der Ehe als auch in geschäftlicher Hinsicht wird durch unseren Kochstil repräsentiert, für den dieser Salat das beste Beispiel ist.

1. Für den Salat Schwarzaugenbohnen, Reis, Bacon, Paprika, Zwiebel, Tomaten, Sellerie, Frühlingszwiebeln, Petersilie, Jalapeños, Aceto balsamico, Salz und Pfeffer in eine große Schüssel geben und gründlich vermengen.
2. Für das Dressing das Entenfett in einer mittelgroßen Pfanne bei mittlerer Hitze zerlassen. Knoblauch sowie Schalotten hineingeben und in etwa 5 Minuten in dem Fett weich dünsten. Die Pfanne vom Herd nehmen.
3. Apfelessig, Senf, Honig, Gewürzsalz, Zwiebelpulver und Knoblauchpulver in der Küchenmaschine glatt mixen. Langsam die Entenfettmischung dazugeben und noch einmal alles glatt mixen.
4. Die warme Vinaigrette über den Salat träufeln und gründlich vermengen. Den Grünkohl unterheben und sofort servieren.

Ciabattafüllung

mit Lauch und Pilzen

Lukas Volger

Für 6–8 Portionen

- 1 Laib **Ciabatta**, ca. 450 g, in ca. 4 cm große Stücke gezupft
- 6 EL **Butter** + etwas mehr für die Pfanne oder Form
- 480 ml **Gemüsebrühe**
- 1 gehäufter EL **weiße Misopaste**
- 3 Stangen **Lauch**, nur die weißen und hellgrünen Teile, in dünne Scheiben geschnitten
- **Meer-** oder **Steinsalz**
- 280 g **Champignons**, entstielt und geviertelt
- 115 g **Shiitakepilze**, entstielt und geviertelt
- 3 EL **Petersilie**, gehackt
- 3 EL **Schnittlauchröllchen**
- **schwarzer Pfeffer**, frisch gemahlen

Im Sommer 2007 zog ich mit meinem ersten Freund zusammen – und plante bereits unsere erste gemeinsame Thanksgiving-Party. Als sich der November näherte, begann ich, an der Speisenfolge zu arbeiten, kam dabei jedoch nur bis zur Einkaufsliste. Denn weniger als eine Woche vor Erntedank erwähnte mein Freund ganz beiläufig, er würde lieber zu dem Dinner gehen, das seine Freunde gaben. »Koch doch einfach was, das wir mitbringen können!«, schlug er als Trostpreis vor, und das tat ich dann auch: eine Maisbrotfüllung, die ich danach nie wieder zubereitete. Nur wenige Monate später trennten wir uns. Da beschloss ich, mehr über das Festtagskochen herauszufinden. Ich gab meine Thanksgiving-Fantasie der totalen Kontrolle auf und träumte stattdessen von dem Tag, an dem ich gemeinsam mit meinem Partner für unsere Freunde ein Erntedankessen zubereiten würde, in dem sich jeder von uns wiedererkannte. Und statt der Standard-Maisbrotfüllung, die zu krümelig und zu süß ist, bereite ich jetzt diese Füllung zu. Unter ihrer goldenen, knusprigen Oberfläche ist sie weich und würzig, steckt voller zartem Lauch und saftiger Pilze und knausert auch nicht mit der Butter. Sie ist so köstlich, dass man sie auch zu anderen Jahreszeiten und anderen Anlässen servieren kann.

1. Den Backofen auf 150 °C vorheizen. Die Ciabattastücke nebeneinander auf einem Backblech verteilen und 15 Minuten im Ofen trocknen. Anschließend in eine große Schüssel geben.
2. Die Ofentemperatur auf 200 °C erhöhen. Eine gusseiserne, runde, feuerfeste Pfanne (30 cm Ø) oder eine Auflaufform (23 x 33 cm) mit Butter einfetten. In einem großen Messbecher Gemüsebrühe und Misopaste verrühren.
3. In einem großen Topf 3 Esslöffel Butter bei mittlerer Temperatur zerlassen. Den Lauch hineingeben und mit Salz würzen. Unter gelegentlichem Rühren in 10 bis 12 Minuten in der Butter weich dünsten; bräunt der Lauch zu stark, die Hitze reduzieren. Den Lauch zu den Ciabattastücken geben.
4. Die restliche Butter in dem Topf zerlassen und die Pilze darin unter gelegentlichem Rühren etwa 8 Minuten braten, bis sie leicht karamellisieren. Mit Salz würzen. Die Hitze auf mittlere bis hohe Temperatur erhöhen und etwas Brühe-Miso-Mischung angießen. Mit einem Holzlöffel den Bratensatz vom Topfboden lösen. Die Pilze mitsamt der Flüssigkeit ebenfalls zu den Ciabattastücken geben. Petersilie und Schnittlauchröllchen hinzufügen.
5. Die restliche Brühe-Miso-Mischung dazugießen und alles mit einem Pfannenwender so lange gründlich vermengen, bis das Brot die Flüssigkeit aufgesogen hat. Mit Pfeffer würzen. Die Mischung in die vorbereitete Pfanne oder Auflaufform füllen und mit dem Pfannenwender etwas flach drücken, um die Oberfläche zu glätten und die Mischung gleichmäßig zu verteilen. Mit Alufolie bedecken und die Füllung 20 Minuten im Ofen backen. Die Folie entfernen und die Füllung weitere 20 bis 30 Minuten backen, bis sie oben leicht gebräunt und knusprig ist. Warm direkt aus der Pfanne oder Auflaufform servieren.

Couscous

mit gegrilltem Sommergemüse

Jake Cohen

Für 6–8 Portionen

1 mittelgroße **Zucchini**, in ca. 1 cm große Stücke geschnitten

1 mittelgroßer **Sommerkürbis**, in ca. 1 cm große Stücke geschnitten

1 **rote Paprikaschote**, vom Kerngehäuse befreit und in ca. 1 cm große Stücke geschnitten

1 **gelbe Paprikaschote**, vom Kerngehäuse befreit und in ca. 1 cm große Stücke geschnitten

6 EL **Olivenöl**

½ TL **Aleppopfefferflocken** oder **Chiliflocken**

2 TL **Meer-** oder **Steinsalz** + etwas mehr zum Abschmecken

300 g **Kirschtomaten**, halbiert

350 g **Couscous**

115 g **Feta**, zerkrümelt

30 g **glatte Petersilie**, gehackt

5 g **Dill**, gehackt

2 EL **Estragon**, gehackt

abgeriebene Schale und Saft von 1 **Bio-Zitrone**

In diesem Rezept kommt ein wahrer Regenbogen an Gemüse zum Einsatz, was aber nicht mal ansatzweise erahnen lässt, wie queer dieses Couscousgericht wirklich ist. Wir – mein Mann und ich – hatten nie viele schwule Freunde, und während wir noch auf der Suche nach unserer Community waren, versuchten wir gleichzeitig herauszufinden, welche Rolle das Judentum in unserem Leben spielen würde. Wir beschlossen, es mit einer queeren Schabbatparty zu versuchen, um Gleichgesinnte um uns herum zu versammeln und dabei auch an eine jahrhundertealte jüdische Tradition anzuknüpfen. Wir luden Kollegen, Bekannte und Freunde in die Wohnung meiner Mutter ein, in der neben einem prächtigen Challah-Brot, einer üppigen Käseplatte und einem Lachs mit Za'atar-Kruste eine beinahe überquellende Schüssel mit israelischem Couscous stand. Es war ein magischer Abend, an dem queere Juden zusammengekommen waren, um gemeinsam das Brot zu brechen. Das Rezept hier ist meine Sommerversion des Couscous, mit gegrilltem Kürbis, Paprikaschoten, Kirschtomaten, Feta und Kräuterdressing. Und das Beste daran? All das kann ganz nach persönlichem Geschmack und saisonaler Verfügbarkeit durch anderes Gemüse, andere Gewürze und andere Kräuter ersetzt werden. Kommt jetzt noch eine Proteinquelle nach Wahl dazu, ergibt sich eine vollständige Mahlzeit. Ich habe nie damit gerechnet, dass sich mein Stolz als Jude mit meinem Stolz als Schwuler verbinden würde, doch hier ist sie, die Couscous-Bowl in Technicolor – ein Rezept, auf das ich naturgemäß ebenfalls sehr stolz bin.

1. Den Backofen auf 230 °C vorheizen.
2. In einer großen Schüssel Zucchini, Sommerkürbis und Paprika mit 2 Esslöffel Olivenöl, Aleppopfeffer und 1 Teelöffel Salz vermengen. Die Mischung auf einem Backblech verteilen und etwa 15 Minuten im Ofen rösten.
3. Den Backofengrill dazuschalten. Die Kirschtomaten auf das Blech geben und mit den anderen Zutaten vermengen. Alles etwa 4 Minuten im Ofen grillen, bis die Haut der Tomaten Blasen zu werfen beginnt.
4. In der Zwischenzeit in einem Topf 660 Milliliter Wasser zum Kochen bringen. 1 Teelöffel Salz hineingeben und den Couscous unter Rühren einrieseln lassen. Die Hitze auf niedrige Temperatur reduzieren und den Couscous zugedeckt 8 bis 10 Minuten köcheln lassen, bis das Getreide das Wasser fast vollständig aufgesogen hat. Den Topf vom Herd nehmen und den Couscous offen 10 Minuten ausquellen lassen. Anschließend mit einer Gabel auflockern.
5. Das gegrillte Gemüse mit dem Couscous in eine große Schüssel füllen. Das restliche Olivenöl sowie Feta, Petersilie, Dill, Estragon, Zitronenschale und Zitronensaft dazugeben und alles gründlich vermengen. Mit Salz abschmecken und warm oder leicht abgekühlt servieren.

★ Pfannengebratene Artischocken
mit Aioli-Trio

Ryan Alvarez & Adam Merrin

Für 4 Portionen

Für die Artischocken

2 große **Artischocken**

4 große **Knoblauchzehen**, abgezogen und fein gehackt

4 TL **Olivenöl**

Meersalzflocken

4 TL **Zitronensaft**, frisch gepresst

Für die Zitronen-Knoblauch-Aioli

6 EL **Mayonnaise**

abgeriebene Schale von 1 **Bio-Zitrone**

1 EL **Zitronensaft**, frisch gepresst

1 große **Knoblauchzehe**, abgezogen und gerieben

¼ TL **schwarzer Pfeffer**, frisch gemahlen

1/8 TL **Meer-** oder **Steinsalz**

Für die scharfe Harissa-Aioli

60 g **Mayonnaise**

2 – 3 TL **Harissa-Paste**

1 große **Knoblauchzehe**, abgezogen und gerieben

¼ TL **geräuchertes Paprikapulver**

1/8 TL **Meer-** oder **Steinsalz**

Wir sind seit 18 Jahren zusammen. Geküsst haben wir uns das erste Mal am 23. September 2001 in Adams winziger Junggesellenbude, als wir uns Ken Burns' Dokumentarfilm *Jazz* ansahen. Bei unseren ersten Dates war unser Kochrepertoire noch ein wenig eingeschränkt: Damals bedeutete ein selbst gekochtes Candlelight-Dinner Nudeln mit gekaufter Marinarasauce aus dem Glas. Mit den Jahren haben sich unsere Fähigkeiten in der Küche immer weiter entwickelt, unsere Liebe zu einer ruhigen, romantischen Mahlzeit zu Hause aber ist geblieben. Artischocken gelten als Aphrodisiakum und sind damit die perfekte Vorspeise für einen Abend zu zweit. Bei diesem einfachen Rezept werden halbierte Artischocken mit gehacktem Knoblauch gefüllt, mit Olivenöl beträufelt und anschließend im Ofen gebacken. Zum Schluss werden sie für die Röstaromen noch kurz gegrillt und der Frische wegen mit einem Spritzer Zitronensaft versehen. Dazu passend werden drei würzige Aioli-Saucen zum Dippen serviert: eine säuerliche Dill-Aioli, eine Zitronen-Knoblauch-Aioli und eine scharfe Harissa-Aioli. Tatsächlich ist das Rezept so einfach, dass wir es auch damals, 2001, schon hinbekommen hätten.

1. Den Backofen auf 220 °C vorheizen.
2. Die Artischocken waschen und die Stiele auf 5 Zentimeter Länge kürzen. Eventuelle scharfe Spitzen der Blätter mit einer Küchenschere entfernen. Mit einem Sägemesser die oberen 5 Zentimeter der Artischocken abschneiden, dann die Artischocken mit der oberen Seite nach unten auf ein Schneidbrett stellen und vom Stiel bis zur Spitze vertikal halbieren. Mit einem stabilen Metalllöffel das Heu herauskratzen und entsorgen.
3. 1 Artischockenhälfte mit der Schnittfläche nach oben auf ein Stück Alufolie legen. 1 fein gehackte Knoblauchzehe zwischen den Blättern verteilen. Mit 1 Teelöffel Olivenöl beträufeln und großzügig mit Meersalzflocken bestreuen. Die Ecken der Alufolie anheben und über der Artischockenhälfte fest verschließen. Das Päckchen auf ein tiefes Backblech legen. Mit den restlichen Artischockenhälften, dem restlichen Knoblauch, dem restlichen Olivenöl sowie den restlichen Meersalzflocken ebenso verfahren.
4. Die Artischockenhälften etwa 40 Minuten im Ofen garen, bis die Herzen weich sind.
5. In der Zwischenzeit das Aioli-Trio zubereiten. Für die Zitronen-Knoblauch-Aioli Mayonnaise, Zitronenschale, Zitronensaft, Knoblauch, Pfeffer und Salz in einer kleinen Schüssel verrühren.

Für die säuerliche Dill-Aioli

60 g **Mayonnaise**

1½ TL **Weißweinessig**

1/8 TL getrockneter **Dill**

1/8 TL **Knoblauchpulver**

1/8 TL **geräuchertes Paprikapulver**

1/8 TL **Meer-** oder **Steinsalz**

1/8 TL **schwarzer Pfeffer**, frisch gemahlen

6 Für die scharfe Harissa-Aioli Mayonnaise, Harissa-Paste, Knoblauch, Paprikapulver und Salz in einer weiteren kleinen Schüssel verrühren.

7 Für die säuerliche Dill-Aioli Mayonnaise, Essig, Dill, Knoblauchpulver, Paprikapulver, Salz und Pfeffer in einer dritten kleinen Schüssel verrühren.

8 Den Grill anheizen oder eine Grillpfanne bei mittlerer Temperatur erhitzen.

9 Die Artischockenhälften aus dem Ofen nehmen und vorsichtig die Päckchen öffnen – Achtung: Dabei entweicht heißer Dampf! Die Artischockenhälften mit der Schnittfläche nach unten auf den Grill oder in die Grillpfanne legen und 1 bis 2 Minuten grillen, bis sich schwarze Streifen zeigen.

10 Die Artischockenhälften auf einer Servierplatte anrichten, mit jeweils 1 Teelöffel Zitronensaft beträufeln und sofort servieren. Das Aioli-Trio dazu reichen.

Mississippi-Maisauflauf

Elle Simone Scott

Für 12 Portionen

5 EL **Butter**, zerlassen und leicht abgekühlt + etwas mehr für die Form

2 **Eier** (Größe L), verquirlt

75 g **Zucker**

120 ml **Milch**

60 g **Sahne**

180 g **Sauerrahm**

60 g **Mehl**

70 g **Maisgrieß**

1 TL **Meer-** oder **Steinsalz**

1/8 TL **weißer Pfeffer**, frisch gemahlen

1/8 TL **Paprikapulver**

1/8 TL **Backpulver**

15 g **Zwiebel**, abgezogen und gehackt

50 g **Stangensellerie**, gehackt

450 g **frische Maiskörner**, von ca. 4 Maiskolben

115 g geriebener **Cheddar**

100 g **Buttercracker**, zerbröselt

Ich kann mich nicht daran erinnern, in meiner Familie je das Wort »akzeptiert« gehört zu haben – was vermutlich daran liegt, dass die Vorstellung, nicht akzeptiert zu werden, schlicht unvorstellbar war. Ebenso unvorstellbar war es, sich an Feiertagen nicht zu treffen, egal wie nah oder fern man sich auch den Rest des Jahres über war. Meinungsverschiedenheiten und Missverständnisse hatten bei diesen Treffen nichts zu suchen. Und wenn man wie ich einer Familie voller erstaunlicher Köche entstammt, ist es immer wieder aufregend zu sehen, was bei solchen Anlässen alles auf den Tisch kommt. Meine Cousins, Cousinen und ich lieben es, die Gerichte aus unserer Familiengeschichte nachzukochen – Gerichte, die über unglaublich komplexe Aromen und eine wunderbare Geschmackstiefe verfügen. Einige der Rezepte dafür sind aufwendiger, während andere schlichter sind und doch zu köstlichen Ergebnissen führen, darunter etwa Großmutters Maisauflauf. Die würzige Beilage schmeckt heiß direkt aus dem Ofen, aber auch kalt als rascher Mittagssnack. Ich erinnere mich dabei gern an meine Großmutter, wie sie den Auflauf abends auf den Tisch stellte und wie ich zu späterer Stunde immer zum Kühlschrank schlich, um noch einmal davon zu naschen. Ich hoffe, das Gericht bereitet dir genauso viel Freude wie mir während all der seither vergangenen Jahre.

1. Den Ofenrost ins untere Drittel des Backofens schieben und den Ofen auf 175 °C vorheizen. Eine Auflaufform (ca. 23 x 33 cm) gründlich mit Butter einfetten.
2. Eier und Zucker in einer mittelgroßen Schüssel schaumig rühren. Zerlassene Butter, Milch, Sahne und Sauerrahm unterrühren.
3. In einer großen Schüssel Mehl, Maisgrieß, Salz, Pfeffer, Paprikapulver und Backpulver verrühren.
4. Mit einem Gummispatel die feuchten Zutaten aus Zubereitungsschritt 2 nach und nach unter die trockenen Zutaten aus Zubereitungsschritt 3 heben.
5. Zwiebel, Sellerie, Mais und Käse unter den Teig rühren.
6. Den Teig in die vorbereitete Auflaufform füllen und mit den zerbröselten Crackern bestreuen. Den Maisauflauf 30 bis 40 Minuten im Ofen backen, bis die Oberfläche leicht gebräunt ist und an einer in den Auflauf gesteckten Messerspitze kein Teig mehr hängen bleibt.

Kokosrahm-Palmkohl

mit Speck (Laing)

Woldy A. Reyes

Für 4–6 Portionen

225 g dick geschnittener **luftgetrockneter Speck**, gehackt

1 mittelgroße **Schalotte**, abgezogen und fein gehackt

5 **Knoblauchzehen**, abgezogen und fein gehackt

3 **Thai-Chilischoten**, in dünne Ringe geschnitten

1 Stück **Ingwer**, ca. 4 cm lang, geschält und gerieben

1 EL **Fischsauce**

1 Dose **ungesüßte Kokosmilch**, 400 ml

Meer- oder **Steinsalz** und **schwarzer Pfeffer**, frisch gemahlen

Blätter von 2 großen Bund **Palmkohl**, von Stielen und dicken Rippen befreit und zerzupft

1 EL **Limettensaft**, frisch gepresst

Limettenspalten

Eines der Lieblingsgerichte meiner Kindheit war eine philippinische Beilage, die traditionell aus in cremiger Kokosmilch gedünsteten Taroblättern und Schweinefleisch zubereitet und mit scharfem Chili sowie würzigem Ingwer verfeinert wird. Sie heißt *laing* und erinnert ein wenig an Rahmspinat. Bei uns zu Hause gab es das Gericht neben vielen anderen immer zu großen Familientreffen, bei denen wir uns den Bauch beinahe bis zum Platzen vollschlugen. Nun, da ich älter bin, versuche ich, meinem Freund jene Esskultur nahezubringen, mit der ich aufgewachsen bin. Und weil ich *laing* besonders mochte, bereitete ich es als eines der ersten Gerichte für ihn zu. Es schmecke muffig, sagte er, nachdem er gekostet hatte. *Muffig?!* Unfassbar! Für seinen amerikanischen Gaumen war die weiche Konsistenz des Gerichts augenscheinlich eine schwer zu überwindende kulinarische Kluft. Ich war enttäuscht, dass er es nicht mochte, gleichzeitig aber auch angespornt, das Lieblingsgericht meiner Kindheit abzuwandeln und zu modernisieren. Ich verwendete Palmkohl statt der Taroblätter und kochte das Gemüse nicht in Kokosmilch, sondern schwenkte es nur kurz in einer Kokossauce. Inzwischen liebt mein Freund *laing*, wie ich stolz berichten kann – und wir haben unseren gemeinsamen kulinarischen Erinnerungsschatz um einen weiteren Baustein erweitert.

1 Eine große gusseiserne Pfanne oder einen Schmortopf bei mittlerer Temperatur erhitzen. Den Speck hineingeben und in etwa 8 Minuten knusprigbraun braten. Mit einem Schaumlöffel herausheben und zum Abtropfen auf einen mit Küchenkrepp belegten Teller geben. Das ausgelassene Speckfett in der Pfanne bzw. im Topf lassen.

2 Die Schalotte in das Speckfett geben, die Hitze auf mittlere bis niedrige Temperatur reduzieren und die Schalotte in dem Fett in 2 Minuten glasig dünsten. Knoblauch, Chili sowie Ingwer hinzufügen und 3 Minuten mitdünsten, bis die Mischung zu duften und der Knoblauch zu bräunen beginnt.

3 Mit einem Holzlöffel Fischsauce und Kokosmilch unterrühren, dabei den Bratensatz vom Pfannen- bzw. Topfboden lösen. Die Sauce zum Köcheln bringen und unter Rühren 5 Minuten garen lassen, bis sie leicht eindickt. Mit Salz und Pfeffer würzen.

4 Die Pfanne bzw. den Topf vom Herd nehmen, den Kohl in die Sauce geben und alles gründlich vermengen. Mit Salz und Pfeffer abschmecken.

5 Den Rahmkohl in eine Servierschüssel füllen und mit einem Spritzer Limettensaft beträufeln. Mit dem knusprigen Speck bestreut servieren und Limettenspalten dazu reichen.

Bunter Rosenkohlsalat

Vaughn Vreeland

Für 6 Portionen

2 mittelgroße **Schalotten**, abgezogen und in Scheiben geschnitten

2 **Jalapeños**, entkernt und in Ringe geschnitten (optional)

abgeriebene Schale und Saft von 1 **Bio-Zitrone** + etwas mehr Zitronensaft zum Abschmecken

1 EL **Rotweinessig**

Meer- oder **Steinsalz** und **schwarzer Pfeffer**, frisch gemahlen

135 g **Pinienkerne**

450 g **Rosenkohl**

1 große **rote Grapefruit**

70 g **Granatapfelkerne**

55 g **Karotten**, geraspelt

80 g **Maiskörner**, frisch oder TK und aufgetaut

Blätter von 3 Zweigen **Minze**, gehackt + etwas mehr zum Garnieren

4 g **Korianderblätter**, gehackt + etwas mehr zum Garnieren

60 ml **Olivenöl**

Pecorino Romano, gehobelt

Ich bin in North Carolina aufgewachsen, wo im Sommer der Garten meiner Mom das Zentrum des Familienlebens bildete. Ich konnte mich stundenlang am Duft frischer Minze berauschen und schlich auf Zehenspitzen zwischen Reihen scharfer Chilischoten umher. Essen ist in meiner Familie ungeheuer wichtig, und solch tief greifende Erinnerungen kulinarischer Art wie jene aus meiner Kindheit haben mir meine Karriere als Foodjournalist beschert. Ich weiß noch genau, wie ich das erste Mal das Dessert Bananas Foster flambieren durfte – unter Aufsicht, versteht sich – und dabei fast die Küche abgefackelt habe. Wie ich Pommes frites in sengend heißem Olivenöl frittierte – unbeaufsichtigt – und dabei *tatsächlich* die Küche abfackelte. Ereignisse wie diese haben unsere Familie zusammengeschweißt. Die unermüdliche Unterstützung meiner Eltern, auch während meiner ersten, eher fragwürdigen Küchenversuche, war und ist schlicht und ergreifend überwältigend. Die Bereitschaft meiner Mom, mich Fehler machen zu lassen, hat maßgeblich dazu beigetragen, dass ich mich zu dem selbstbewussten schwulen Mann entwickeln konnte, der ich heute bin. Das Rezept hier ist deshalb etwas Besonderes für mich, weil es an die Lieblingsbeilage meiner Familie an Feiertagen erinnert. Und an die Farben und Aromen im Garten meiner Mom, auch wenn es möglicherweise noch ein wenig frischer und bunter ist.

1. In einer kleinen Schüssel Schalotten, eventuell Jalapeños, Zitronenschale, Zitronensaft und Essig vermengen. Mit Salz und Pfeffer würzen. Die Schalotten unter gelegentlichem Umrühren in der Marinade ziehen lassen, während der Rest des Salats zubereitet wird.
2. Pinienkerne in einer mittelgroßen Pfanne bei niedriger Temperatur in 3 bis 5 Minuten goldbraun rösten, bis sie zu duften beginnen. Dabei häufig an der Pfanne rütteln, damit die Kerne nicht anbrennen. Anschließend in eine Schüssel geben und beiseitestellen.
3. Den Rosenkohl putzen und mit dem Hobelaufsatz der Küchenmaschine oder einem sehr scharfen Messer in feine Scheiben schneiden. In einer großen Schüssel mit Salz und Pfeffer vermengen.
4. Von der Ober- und Unterseite der Grapefruit jeweils ein Stück abschneiden, sodass man sie aufrecht auf ein Schneidbrett stellen kann. In dieser Position die Schale und die weiße Haut der Grapefruit entfernen. Die Filets aus den Zwischenhäuten schneiden und quer halbieren.
5. Die Grapefruitfilets, die Schalotten mitsamt der Marinade und die gerösteten Pinienkerne mit Granatapfelkernen, Karotten, Mais, Minze, Koriander und Olivenöl zu den Rosenkohlscheiben geben und alles gründlich vermengen. Mit Salz und Pfeffer sowie mit Zitronensaft abschmecken und bis zum Servieren kühl stellen. Kurz vor dem Servieren den Salat mit gehobeltem Pecorino Romano bestreuen und mit Minze sowie Koriander garnieren.

Maiskolben

mit Harissa-Honig-Butter

Jessica Battilana

Für 6 Portionen

4 EL **Butter**, zimmerwarm

2 EL **Harissa-Paste**, selbst gemacht *(Rezept siehe unten)* oder gekauft

2 EL **Honig**

6 **Maiskolben** ohne Blätter

Im Frühling 2005 bin ich mit meiner Frau von der Ostküste nach San Francisco gezogen. Die Stadt hieß uns auf eine überaus liebenswerte Weise willkommen: Sie war so offensichtlich queer und vielfältig, und die riesige Pride-Flagge flatterte über dem Castro-Viertel wie der regenbogenfarbene Umhang eines Superhelden. Obwohl wir damals beide schon Mitte 20 waren, wurde San Francisco für uns zu dem Ort, an dem wir erst richtig zu unserer Identität fanden – und ich mich außerdem in Maiskolben auf mexikanische Art verliebte. Die Kolben werden auf dicke Holzspieße gesteckt, mit Mayonnaise bestrichen, großzügig mit zerkrümeltem Cojita-Käse bestreut und mit Chilisauce beträufelt. Durch die unvertraute Zubereitungsart erhielt das vertraute Gemüse für mich einen neuen, mit dem Begriff von Freiheit verbundenen Geschmack. Die Erinnerung an dieses Streetfood inspirierte mich zu diesem Rezept, bei dem ich die Butter mit selbst gemachter Harissa-Paste aufpeppe, bevor ich die gegrillten Maiskolben dick damit bestreiche. Etwas Honig gleicht die Schärfe der Butter aus und karamellisiert die Körner in ihren letzten Minuten auf dem Grill.

1. Den Holzkohlen- oder Gasgrill anheizen oder eine Grillpfanne bei mittlerer bis hoher Temperatur erhitzen.
2. In einer kleinen Schüssel Butter, Harissa-Paste und Honig verrühren.
3. Die Maiskolben unter gelegentlichem Wenden 8 bis 10 Minuten auf dem Holzkohlen- bzw. Gasgrill rösten, bis sie hier und da dunkle Stellen aufweisen. In der Grillpfanne dauert das Rösten 15 bis 20 Minuten.
4. Die Maiskolben auf einen Teller legen und rundum großzügig mit der Harissa-Honig-Butter bestreichen. Anschließend noch einmal für etwa 1 Minute auf den Grill bzw. in die Grillpfanne geben, bis der Honig karamellisiert. Die Maiskolben auf einer Platte anrichten und sofort servieren.

Harissa-Paste

Für ca. 200 g

2 EL **Tomatenmark**

1½ TL **Cayennepfeffer** + etwas mehr zum Abschmecken

1½ TL **geräuchertes Paprikapulver**

1 TL **Meer-** oder **Steinsalz** + etwas mehr zum Abschmecken

1 TL **Kreuzkümmel**, gemahlen

¾ TL **Koriander**, gemahlen

¾ TL **Kümmel**, gemahlen

2 **Knoblauchzehen**, abgezogen

1 **geröstete rote Paprikaschote** aus dem Glas

60 ml **Olivenöl extra vergine**

TIPP *Mit Harissa-Paste kann man übrigens auch wunderbar Hähnchen vor dem Grillen bestreichen, gekauften Hummus aufpeppen und gebratenem oder gegrilltem Gemüse einen würzigen Kick verleihen.*

1. Tomatenmark, Cayennepfeffer, Paprikapulver, Salz, Kreuzkümmel, Koriander, Kümmel, Knoblauch, Paprikaschote und Olivenöl in der Küchenmaschine zu einer glatten Paste verarbeiten.
2. Mit Cayennepfeffer und Salz abschmecken. In einem luftdicht verschlossenen Behälter hält sich die Harissa-Paste im Kühlschrank bis zu 1 Woche, im Tiefkühlfach bis zu 3 Monate.

★ Reissalat

mit Nüssen und Sauerkirschen

Yotam Ottolenghi

Für 6–8 Portionen

150 g **Wildreis**

220 g **Basmatireis**

80 ml (bzw. 5,5 EL) **Olivenöl**

1¼ TL **Meer-** oder **Steinsalz** + etwas mehr zum Abschmecken

100 g **Quinoa**

60 g **Mandeln** mit Haut, grob gehackt

60 g **Pinienkerne**

60 ml **Sonnenblumenöl** oder ein anderes neutrales Pflanzenöl nach Wahl

2 mittelgroße **Zwiebeln**, abgezogen und in dünne Scheiben geschnitten

schwarzer Pfeffer, frisch gemahlen

30 g **glatte Petersilie**, grob gehackt

20 g **Basilikumblätter**, grob gehackt

10 g **Estragonblätter**, grob gehackt

40 g **Rucola**

80 g **getrocknete Sauerkirschen**

60 ml **Zitronensaft**, frisch gepresst

abgeriebene Schale von 1 **Bio-Zitrone**

2 **Knoblauchzehen**, abgezogen und zerdrückt

Ich liebe es, meine Zuneigung zu anderen durch Kochen auszudrücken. Für mich besitzt ein gutes Gericht viele der Eigenschaften, durch die sich auch eine gute Beziehung auszeichnet: viele unterschiedliche Elemente, die sich miteinander verbinden, um etwas zu erschaffen, das größer ist als die Summe seiner Teile. Dieses Rezept eröffnet in seiner Vielfalt von Konsistenzen, Farben und Aromen mit jedem Bissen einen fantastischen Schatz an Entdeckungen und Überraschungen. Das Gericht macht wohlig satt und ist mit dem Getreide, den Nüssen, den Kräutern und den Früchten gleichzeitig gesund und etwas für die Sinne – Qualitäten, die sowohl bei einer Mahlzeit als auch bei einem Partner wünschenswert sind.

1 Den Wildreis in einen Topf geben, mit reichlich Wasser bedecken und zum Kochen bringen. Anschließend die Hitze auf niedrige Temperatur reduzieren und den Reis 35 Minuten sanft köcheln lassen, bis er gar ist, aber noch Biss hat. Abgießen, unter fließendem kaltem Wasser abspülen und zum Trocknen beiseitestellen.

2 Den Basmatireis mit 1 Esslöffel Olivenöl und ½ Teelöffel Salz vermengen. Mit 330 Milliliter kochendem Wasser in einen Topf geben und zugedeckt bei der niedrigst möglichen Temperatur 15 Minuten garen. Den Topf vom Herd nehmen, den Deckel abnehmen, ein sauberes Geschirrtuch über den Topf breiten, den Deckel wieder auflegen und den Reis weitere 10 Minuten quellen lassen. Anschließend offen vollständig abkühlen lassen.

3 In einem kleinen Topf Wasser zum Kochen bringen. Die Quinoa hineingeben und 9 Minuten darin garen. In ein feinmaschiges Sieb abgießen, mit kaltem Wasser abspülen und beiseitestellen.

4 Mandeln und Pinienkerne mit 1 Esslöffel Olivenöl und 1 Prise Salz in eine kleine Pfanne geben. Unter häufigem Rühren bei mittlerer bis niedriger Temperatur rund 5 Minuten rösten; sobald die Pinienkerne zu bräunen beginnen, diese mit den Mandeln auf einen kleinen Teller geben und ebenfalls beiseitestellen.

5 Das Sonnenblumenöl in einer Sauteuse erhitzen und Zwiebeln, ¼ Teelöffel Salz sowie etwas schwarzen Pfeffer hineingeben. Bei hoher Temperatur unter häufigem Rühren 5 bis 8 Minuten braten, sodass die Zwiebeln an manchen Stellen knusprig und an manchen Stellen nur weich werden. Mit einem Schaumlöffel herausheben und auf Küchenkrepp abtropfen lassen.

6 Wildreis, Basmatireis und Quinoa in eine große Schüssel füllen. Gehackte Kräuter, Rucola, sautierte Zwiebeln, Mandeln, Pinienkerne und Sauerkirschen hinzufügen. Zitronensaft sowie Zitronenschale, das restliche Olivenöl, Knoblauch, ½ Teelöffel Salz und etwas Pfeffer dazugeben. Alles gründlich vermengen und vor dem Servieren mindestens 10 Minuten durchziehen lassen.

Süßes

OPINEL
INOX
OPINEL

Saftig-weiche Misobrownies

Ruby Tandoh

Für 24 Brownies

320 g **Butter**

280 g **dunkle Schokolade**

85 – 140 g **weiße Misopaste**

2 TL **Vanilleextrakt**

450 g **Zucker**

4 **Eier** (Größe L)

110 g **Mehl**

125 g **ungesüßtes Kakaopulver**

Ich weigere mich, zwischen salzig und süß zu wählen. Ich mag Schokolade mit Meersalzflocken, gesalzene Butter im Pound Cake und salziges Popcorn, gemischt mit süßem. Hin und wieder stopfe ich mir gesalzene Kartoffelchips in den Mund, wo bereits ein Stück Milchschokolade schmilzt. Als hungrige Bisexuelle sollte ich die Macht meines launischen Appetits wohl eher herunterspielen: Ich sollte mich für das eine oder das andere entscheiden. Das habe ich auch versucht, wirklich! Als ich Männer liebte, habe ich versucht, nur Männer zu lieben. Als ich Frauen liebte, habe ich verzweifelt zu beweisen versucht, dass es mir damit ernst ist. Für mich schlug das Pendel immer mit Wucht in die eine oder andere Richtung aus, und jedes Mal verlor ich dabei aus den Augen, was (oder wen) ich wirklich will, jedes Mal verlor ich meine Mitte und damit mein wahres Ich. Heute aber weigere ich mich zu wählen. Ich will es süß, salzig, klebrig, knusprig, buttrig, frisch, schwer, federleicht – alles. All diese Widersprüche sind ich. Und dafür sind diese Brownies mit ihrer Kombination aus dunkler Schokolade und würziger weißer Misopaste das beste Beispiel.

1 Den Backofen auf 175 °C vorheizen und einen Ofenrost in die Mitte des Ofens schieben. Eine Backform (ca. 23 x 33 cm) mit Backpapier auskleiden.

2 In einem kleinen Topf Wasser zum sanften Köcheln bringen und eine große feuerfeste Schüssel daraufstellen. Der Schüsselboden sollte das Wasser nicht berühren. Butter und Schokolade in die Schüssel geben und unter gelegentlichem Rühren in etwa 5 Minuten schmelzen. (Das geht auch in der Mikrowelle: Dafür die Mischung in 20-Sekunden-Intervallen erhitzen und zwischendurch umrühren.)

3 Die Schüssel vom Topf nehmen und die Misopaste unter die Butter-Schokoladen-Mischung rühren. Dabei mit einer geringeren Menge beginnen und sich je nach Geschmack allmählich steigern. Die Salzigkeit wird durch die Zugabe von Zucker, Eiern und Mehl später noch abgemildert. Vanilleextrakt unterrühren.

4 In einer zweiten großen Schüssel Zucker und Eier mit dem Schneebesen oder dem elektrischen Handrührgerät in rund 5 Minuten schaumig rühren. Dabei sollte die Masse ihr Volumen fast verdoppeln.

5 Ein Drittel der Zucker-Eier-Mischung zur Schokoladenmischung geben und kräftig verrühren. Nach und nach die restliche Zucker-Eier-Mischung dazugeben und mit einem Gummispatel unterheben, sodass dabei möglichst viel Luft in den Teig eingearbeitet wird. Haben sich die Zutaten beinahe verbunden, Mehl und Kakaopulver darübersieben und ebenfalls unterheben.

6 Den Teig in die vorbereitete Form füllen und 25 bis 27 Minuten im Ofen backen. Der Teig sollte nicht mehr flüssig, die Brownies in der Mitte aber saftig und weich sein. Die Brownies aus dem Ofen nehmen und in der Form vollständig abkühlen lassen. Dabei werden sie etwas einsinken. Die abgekühlten Brownies in 24 Stücke schneiden und servieren.

Limettensoufflés

mit Sommerbeeren

Orlando Soto

Für 8 Soufflés

Butter, zerlassen, für die Förmchen

75 g **Zucker** + etwas mehr für die Förmchen und die Beeren

450 g gemischte **Beeren** + etwas mehr für die Füllung

Saft von 1 **Limette**

3 **Eier** (Größe L), getrennt + 5 **Eiweiß** von Eiern Größe L, zimmerwarm

240 ml **Milch**

3 EL **Speisestärke**

140 g **Naturjoghurt**

abgeriebene Schale von 2 **Bio-Limetten**

140 g **Puderzucker**, gesiebt

Ich bin in Puerto Rico aufgewachsen und hätte mir nie träumen lassen, einmal Konditor in New York City zu werden. Ich war Einzelkind und in meiner Generation in der Familie der erste Sohn. Ich besuchte eine Fachschule für Maschinenbau, arbeitete in biomedizinischen Forschungslabors und war auf gutem Weg, die ideale »Alpharolle« in meiner Familie einzunehmen. Doch dann geschah es: In meinem ersten Jahr an der Uni verliebte ich mich in einen Mann. Da ich meine Familie nicht im Stich lassen, sie verletzen oder ihre Träume zerstören wollte, erzählte ich nichts davon. Nach meinem Abschluss aber verkündete ich, ich wolle nach New York City ziehen und Konditor werden. Ich trennte mich von meinem damaligen Freund, weil ich Angst davor hatte, mich zu outen. In den darauffolgenden Jahren war ich in verschiedenen Küchen tätig und konzentrierte mich einzig auf meine Karriere. Doch dann passierte es erneut: Ich verliebte mich und hielt es wieder geheim, was für die Entwicklung der Beziehung nicht gerade förderlich war. In jenem Sommer, mitten beim Soufflébacken für den Dinnerservice des Café Boulud, wurde mir bewusst, dass ich zwar emsig an meiner Karriere gearbeitet, dafür aber mein romantisches Glück praktisch ganz aufgegeben hatte. Ich musste zu mir und meiner Wahrheit stehen, um wirkliche Liebe erfahren zu können. Wenn ich die Soufflés heute zubereite, denke ich immer daran zurück und fühle mich unendlich leichter, jetzt, da ich stolz auf meine Liebe bin. Dieses Rezept mit frischen Sommerbeeren und herrlich erfrischender Limettenschale ist eine köstliche Hommage an meine Reise.

1. Den Backofen auf 175 °C vorheizen.
2. Boden und Innenrand von acht Förmchen à 120 Milliliter Fassungsvermögen mit zerlassener Butter auspinseln. Ein Förmchen mit Zucker bestreuen, überschüssigen Zucker in das nächste Förmchen klopfen und so fortfahren, bis alle Förmchen bestreut sind.
3. In einer mittelgroßen Schüssel die Beeren vorsichtig mit dem Limettensaft und etwas Zucker vermengen; wie viel Zucker verwendet wird, hängt davon ab, wie süß oder sauer die Beeren sind. Beiseitestellen und ziehen lassen, während die Soufflés zubereitet werden.
4. In einer weiteren mittelgroßen Schüssel Eigelbe, 75 Gramm Zucker und Milch verrühren. Die Speisestärke hinzufügen und glatt rühren. Die Mischung in einen kleinen Topf füllen und bei mittlerer bis hoher Temperatur erhitzen. Unter konstantem Rühren etwa 5 Minuten köcheln lassen, bis eine dickliche Creme entstanden ist. Die Creme in eine große Schüssel geben und etwas abkühlen lassen. Joghurt und Limettenschale unterrühren.
5. 8 Eiweiß im Standrührgerät in etwa 90 Sekunden schaumig schlagen. Das Eiweiß sollte sein Volumen dabei verdoppeln. Bei laufendem Gerät die Hälfte des Puderzuckers dazugeben. Die Masse auf höchster Stufe rund 1 Minute weiterschlagen, bis sie ihr Volumen erneut verdoppelt hat. Auf mittlere Stufe herunterschalten und den restlichen Puderzucker in die Masse geben. Diesen in 30 bis 45 Sekunden auf höchster Stufe unterrühren. Die Masse sollte glatt und weich sein, aber nicht mehr zerlaufen.

6 Etwa eine Tasse der Eiweißmasse zur Joghurtmischung geben und verrühren. Den Rest der Eiweißmasse in zwei Portionen mit einem breiten Gummispatel vorsichtig so unter die Joghurtmischung heben, dass das Eiweiß nicht zusammenfällt.

7 Den Souffléteig in einen Zipbeutel geben. Eine Ecke des Beutels abschneiden und den Teig vorsichtig in die vorbereiteten Förmchen spritzen. Dabei die Förmchen nur etwa zur Hälfte füllen. Jeweils 2 bis 3 Beeren in die Mitte des Teigs geben und mit dem restlichen Teig bedecken. Mit den Förmchen leicht auf die Arbeitsfläche klopfen, damit sich der Teig gleichmäßig darin verteilt. Die Soufflés 16 bis 18 Minuten im Ofen backen, bis sie etwa 2½ Zentimeter über den Rand der Förmchen ragen und die Oberfläche goldbraun ist.

8 Die Soufflés ofenwarm servieren und die Beeren dazu reichen.

Fudge Pie
mit Malzschokolade

Bo Durham

Für 8 Stücke

Für den Pie-Teig

220 g **Mehl** + etwas mehr für die Arbeitsfläche

2 EL **Zucker**

½ TL **Meer-** oder **Steinsalz**

10 EL **Butter**, in Würfel geschnitten und gekühlt

2 **Eigelbe** von Eiern Größe L

Für die Malzschokoladenfüllung

480 g **Sahne**

120 ml **Milch**

150 g **Ovomaltine**

1 EL **Vanilleextrakt**

1 TL **Meer-** oder **Steinsalz**

4 EL **Zucker**

5 **Eigelbe** von Eiern Größe L

170 g dunkle **Schokolade**, gehackt

115 g **Milchschokolade**, gehackt

Für die Schokosahne

480 g **Sahne**

30 g **Puderzucker**, gesiebt

2 EL **Kakaopulver**

1 EL **Vanilleextrakt**

Außerdem

1 Packung **Malzschokoladenkugeln**, 140 g, zerdrückt

Ich wusste schon als Kind, dass ich anders war – doch erst als ich älter wurde, konnte ich das, was ich war, akzeptieren und damit beginnen, meine Wahrheit zu leben. Ich bin seit meinem ersten Jahr an der Highschool ein geouteter und stolzer Homosexueller, habe die authentischste Version meiner selbst aber erst vor Kurzem entwickelt, mit Ende 20. Ich bin weder sportlich noch schriftstellerisch begabt, doch auf dem Gebiet der Konditorei macht mir so leicht niemand etwas vor – so viel ist sicher. Trotzdem und obwohl ich mit Backen meinen Lebensunterhalt verdiene, benötigte ich viele Jahre Berufserfahrung, bevor ich mich das erste Mal an eine klassische Sahnetorte wagte. Kuchen gehören zu meinem Standardrepertoire, noch lieber aber mag ich Pies, also gefüllte Kuchen. Dieses Rezept ist meine Version des Schokoladen-Sahne-Pie, das ich der Geschmacksintensität wegen mit Ovomaltine und dunkler Schokolade zubereite. Zum Garnieren eignen sich Schokostreusel, Schokospäne oder zerdrückte Malzschokoladenkugeln. Letztere sind mein persönlicher Favorit – wenn ich Glück habe, schaffen sie's sogar auf den Kuchen. Dann mal ran an die Sahneschnitte!

1. Für den Pie-Teig Mehl, Zucker und Salz in einer großen Schüssel verrühren. Mit den Fingerspitzen die Butterwürfel hineingeben und dabei etwas zerkrümeln.
2. In einer kleinen Schüssel die Eigelbe mithilfe einer Gabel mit 4 Esslöffel Eiswasser verrühren. Bis auf etwa 1 Esslöffel zur Mehlmischung geben, der Teig sollte nicht zu feucht werden. Alles rasch mit einer Gabel verrühren, bis der Teig bindet. Bei Bedarf noch ein wenig Eigelb dazugeben. Genau richtig ist der Teig, wenn man ihn mit der Hand zu einer Kugel drücken kann, die nicht auseinanderfällt. Den Teig auf die saubere Arbeitsfläche geben und zu einer Scheibe formen. In Klarsichtfolie gehüllt mindestens 30 Minuten kühl stellen; der Teig kann aber auch bis zu 4 Tage gekühlt aufbewahrt werden.
3. Den Backofen auf 175 °C vorheizen.
4. Den Teig aus der Klarsichtfolie nehmen und auf die leicht bemehlte, saubere Arbeitsfläche legen. Die Oberfläche des Teigs ebenfalls mit Mehl bestäuben. Mit einem Nudelholz den Teig gleichmäßig zu einem etwa 3 Millimeter dicken Kreis ausrollen. Sollten sich Risse zeigen, diese glatt rollen. Den Teigkreis vorsichtig in eine Pie-Form (24 cm Ø) legen; einen Backpapierkreis darauflegen und diesen mit Backgewichten oder getrockneten Bohnen bestreuen.
5. Den Teig 20 bis 30 Minuten im vorgeheizten Ofen blindbacken. Vorsichtig den Backpapierkreis mitsamt Backgewichten abnehmen und den Teig anschließend weitere 5 bis 10 Minuten im Ofen backen, bis er hellgoldbraun ist. Aus dem Ofen nehmen und vollständig abkühlen lassen.

6 Für die Malzschokoladenfüllung Sahne, Milch, Ovomaltine, Vanilleextrakt, Salz und 2 Esslöffel Zucker in einen mittelgroßen Topf geben. Die Mischung bei mittlerer Hitze zum Köcheln bringen; dabei häufig umrühren, damit sich keine Klümpchen bilden.

7 In einer mittelgroßen Schüssel Eigelbe und restlichen Zucker verrühren. Etwa 120 Milliliter der warmen Sahnemischung dazugießen und unterrühren. Diese Mischung zur restlichen Sahnemischung im Topf geben und unter konstantem Rühren etwa 5 Minuten köcheln lassen, bis sie eindickt.

8 Dunkle Schokolade und Milchschokolade in eine große Schüssel geben und die Sahnemischung durch ein feinmaschiges Sieb dazugießen. Rühren, bis die Schokolade geschmolzen und eine glatte Mischung entstanden ist. Diese auf den abgekühlten Teig in der Pie-Form gießen. Mindestens 4 Stunden oder über Nacht kühl stellen.

9 Für die Schokosahne Sahne, Puderzucker, Kakaopulver und Vanilleextrakt im Standrührgerät auf mittlerer Stufe 2 Minuten verrühren, bis sich Sahnespitzen bilden.

10 Die Schokosahne auf der Schokoladenmischung in der Pie-Form verteilen und mithilfe einer Gabel mit dekorativen Wirbeln verzieren. Mit den zerdrückten Malzschokoladenkugeln bestreuen, in Stücke schneiden und servieren.

Crinkle Cookies
mit Zitrone und Mohn

Justin Burke-Samson

Für ca. 25 Cookies

115 g **Butter**, zimmerwarm

255 g **Zucker**

abgeriebene Schale von 2 **Bio-Zitronen**

Saft von 3 **Zitronen**

1 **Ei** (Größe L)

1 **Eigelb** von 1 Ei Größe L

½ TL **Vanilleextrakt**

260 g **Mehl**

2 TL **Backpulver**

½ TL **Salz**

2 EL **Mohnsamen**

Puderzucker zum Wälzen

Ich bin mit den *Golden Girls* aufgewachsen, und zwar sowohl im wörtlichen als auch im übertragenen Sinn. Meine Tante lebte in Arizona am Colorado River; bei ihr habe ich meine Sommer verbracht, wenn sich meine Mutter eine Auszeit von der alleinerziehenden Elternschaft nahm. Meine Tante besaß einen Keramikbetrieb und gab Malkurse. In einem dieser Malkurse unterrichtete sie regelmäßig einmal in der Woche vier Frauen, die zwar an Jahren alt, aber geistig topfit waren. Und wie die *Golden Girls* liebten diese Frauen mich so, wie ich war, und unterstützten mich in jeder erdenklichen Hinsicht. Da saßen sie also am Tisch, malten, tauschten den neuesten Klatsch aus und verzehrten dabei immer ein Dessert. Betty war die Süßeste von allen. Sie war die Bäckerin der Gruppe und diejenige, die stets das Dessert mitbrachte. In meinen Augen war Betty die Königin des Backens. Sie machte mich mit völlig neuen Geschmäckern bekannt, zumal solchen, denen man in der Wüste von Arizona ansonsten schwerlich begegnete. Von all dem, was sie je gebacken hat, mochte ich das Zitronen-Mohn-Brot mit Zuckerguss am liebsten. Die Crinkle Cookies hier sind eine Hommage an Betty: Die saftigen Kekse enthalten genügend Mohnsamen und Zitrone, um uns daran zu erinnern, immer *golden* zu bleiben.

1. Butter, Zucker und Zitronenschale mit dem Standrührgerät auf mittlerer bis hoher Stufe in 5 Minuten cremig rühren. Zitronensaft, Ei, Eigelb und Vanilleextrakt hinzufügen und auf mittlerer Stufe 4 Minuten weiterrühren. Der Teig sieht zunächst zwar ausgeflockt aus, wird aber später noch homogen.

2. In einer großen Schüssel Mehl, Backpulver, Salz und Mohnsamen verrühren.

3. Das Standrührgerät auf niedrige Stufe schalten und nach und nach die trockenen Zutaten zu den feuchten geben. Nur so lange rühren, bis sich alles gerade miteinander verbunden hat. Zum Schluss Mehl, das eventuell am Boden der Standrührgerätschüssel haften geblieben ist, mit einem Gummispatel unterheben. Den Teig in der Schüssel mit Klarsichtfolie bedeckt mindestens 2 Stunden oder über Nacht kühl stellen.

4. Zwei Backbleche mit Backpapier belegen. Mit einem Eisportionierer Kugeln vom Teig abstechen und diese im Abstand von mindestens 5 Zentimetern auf den Backblechen verteilen. Die Backbleche mit Klarsichtfolie umhüllen und die Teigkugeln für 2 Stunden ins Gefrierfach stellen. Sie halten sich dort aber auch bis zu 1 Monat.

5. Den Backofen auf 175 °C vorheizen.

6. Die Teigkugeln in Puderzucker wälzen, dann wieder auf die Backbleche legen. 16 Minuten im vorgeheizten Ofen backen, dabei nach der Hälfte der Backzeit die Bleche einmal tauschen. Die fertigen Kekse sollten Risse aufweisen und an den Rändern leicht goldfarben gebräunt sein. Aus dem Ofen nehmen und etwas auf den Backblechen abkühlen lassen. Auf Kuchengitter legen und dort vor dem Servieren vollständig abkühlen lassen.

Sandwiches

aus Hafer-Rosinen-Keksen und Eiscreme

Edd Kimber

Für 12 Sandwiches

Für die Hafer-Rosinen-Kekse

240 g **Rosinen**

170 g **Mehl**

1 TL **Backpulver**

½ TL **Zimtpulver**

½ TL **Meer-** oder **Steinsalz**

2 EL **Malzextrakt** (Pulver)

225 g **Butter**, zimmerwarm

145 g **Zucker**

115 g **brauner Zucker**

1 TL **Vanilleextrakt**

1 **Ei** (Größe L)

180 g **Haferflocken**

Für die Eiscreme

80 g **Rosinen**

80 ml **Rum**

1 l **Vanilleeis**, weich

Für die Schokohülle

2 EL **Kokosöl**

225 g **dunkle Schokolade**, geschmolzen

2010 nahm ich an der allerersten Staffel von *The Great British Bake Off* als Bäcker teil. Ich kann mich noch genau daran erinnern, wie verlegen ich war, als ich zum ersten Dreh ging. Schon als Kind war ich befangen und gehemmt gewesen: Ich hatte kaum Freunde gehabt und mich oft fehl am Platz gefühlt. In der Hoffnung, dieses Gefühl loszuwerden, nahm ich ab und outete mich. Doch erst als ich in der Foodwelt einen Karriereweg einschlug, der mich unglaublich glücklich machen sollte, begann ich, mich in der eigenen Haut allmählich wohlzufühlen. Nach dem *Bake Off* empfand ich ein ganz neues Selbstwertgefühl. Mit Riesenschritten näherte ich mich meinem glücklicheren Selbst an, dem es egal ist, in welche Schublade es passen könnte. Heute weiß ich um die Wege, souverän mein eigenes Glück zu nähren. Und eine Art, dies zu tun, sind Eiscremesandwiches. Die Variante hier, mit rumgetränkten Rosinen und weichen Haferkeksen, bereitet mir bereits bei der Zubereitung viel Freude – die durch deren Genuss noch übertroffen wird. Und gleichzeitig erinnert mich dieses Rezept ganz unsentimental daran, immer stolz, glücklich und zufrieden mit dem zu sein, der ich wirklich bin.

1. Für die Hafer-Rosinen-Kekse die Rosinen in eine kleine Schüssel geben. Mit kochendem Wasser bedecken und 15 Minuten darin einweichen. (Dadurch quellen die Rosinen nicht nur auf, das Einweichen verhindert auch, dass die Rosinen beim Backen verbrennen.) Anschließend das Wasser abgießen und die Rosinen abkühlen lassen.
2. In einer großen Schüssel Mehl, Backpulver, Zimt, Salz und Malzextrakt verrühren.
3. Butter sowie weißen und braunen Zucker im Standrührgerät auf mittlerer Stufe in rund 5 Minuten hell-schaumig schlagen. Vanilleextrakt und Ei unterrühren.
4. Die trockenen Zutaten aus Zubereitungsschritt 2 zu den feuchten aus Zubereitungsschritt 3 geben und gerade so lange verrühren, bis sie sich miteinander verbinden. Haferflocken und eingeweichte Rosinen hinzufügen und unterrühren. Den Teig in der Schüssel mit Klarsichtfolie bedeckt 2 Stunden kühl stellen.
5. Den Backofen auf 175 °C vorheizen und zwei Backbleche mit Backpapier belegen.
6. Mit einem Eisportionierer Kugeln vom gekühlten Teig abstechen und diese im Abstand von 5 Zentimetern auf die vorbereiteten Backbleche setzen. 12 bis 14 Minuten im vorgeheizten Ofen backen; die fertigen Kekse sollten an den Rändern hellgoldbraun, in der Mitte aber noch blass und weich sein. Die Kekse aus dem Ofen nehmen und vollständig abkühlen lassen.
7. Für die Eiscreme Rosinen und Rum in einen kleinen Topf geben und bei niedriger Temperatur zum Kochen bringen. Anschließend den Topf vom Herd nehmen und die Rosinen-Rum-Mischung abkühlen lassen.

8 Das weiche Vanilleeis in eine mittelgroße Schüssel geben. Die Rosinen abgießen und mit dem Eis verrühren. Die Masse in einen tiefkühlgeeigneten Behälter füllen und im Gefrierfach fest werden lassen.

9 Für die Schokohülle Kokosöl und geschmolzene Schokolade glatt rühren.

10 Zum Fertigstellen eine kleine Portion Eiscreme zwischen zwei Kekse geben. Die Eiscremesandwiches zur Hälfte in die geschmolzene Schokolade tauchen und auf ein mit Backpapier belegtes Backblech legen. Sobald die Schokolade nicht mehr flüssig ist – das geht relativ schnell –, die Sandwiches bis zum Servieren ins Gefrierfach legen. In einem luftdicht verschlossenen Behälter halten sie sich dort bis zu 2 Wochen.

★ Erdbeer-Jalapeño-Becher

mit Schokoladeneis

Bryan Petroff & Douglas Quint

Für 4–6 Eisbecher

450 g **Erdbeeren**, geputzt und geviertelt

55 g **Zucker**

2 **Jalapeños**, entkernt und gehackt + einige Jalapeño-Ringe zum Garnieren

4 EL **Zitronensaft**, frisch gepresst

2 EL **Orangenlikör**, z. B. Grand Marnier (optional)

1½ TL abgeriebene **Bio-Zitronenschale**

Schokoladeneis

Wir haben Big Gay Ice Cream in einem gemieteten Eismobil gegründet, das von vornherein nicht ganz auf der Höhe seiner betrieblichen Leistungsfähigkeit war. Mit der Zeit wurden unsere Toppings immer einfallsreicher – von schlichter Schokolade über Gewürze bis zu »Dragqueens« und »Astronauten« – und schließlich zu unserem Markenzeichen. Das Geschäft, das für die meisten nach einer glatten Fehlinvestition aussah – es funktionierte, und wir haben es seither erfolgreich ausgebaut. Eines bereitet uns immer besondere Freude: die Kombination von Schärfe und unerwartetem Geschmack. Ebenso wie dunkle Schokolade mit ein wenig Chipotle-Chili einfach besser schmeckt, so kann man auch viele süße, saftige Früchte mit Schärfe aufpeppen. In diesem Rezept sind es Erdbeeren, die mit Jalapeños gepaart werden und so eine völlig neue, überraschende Geschmacksnote bekommen. Wir lieben dieses Topping auf Schokoladeneis, es passt aber auch sehr gut zu Vanille- und Erdbeereis. Im Ausprobieren neuer Kombinationen sind der Fantasie absolut keine Grenzen gesetzt – das ist ganz in unserem Sinn!

1. Erdbeeren und Zucker in einer großen Schüssel vermengen. Die Schüssel mit Klarsichtfolie bedecken und die gezuckerten Erdbeeren mindestens 30 Minuten oder bis zu 8 Stunden kühl stellen.
2. In einer kleinen Schüssel gehackte Jalapeños mit 240 Milliliter kaltem Wasser und 2 Esslöffel Zitronensaft verrühren und offen 15 bis 30 Minuten bei Zimmertemperatur ziehen lassen. Je länger die Jalapeños ziehen, desto weniger scharf sind sie. Durch ein feinmaschiges Sieb abgießen und die eingeweichten Jalapeños zur Erdbeermischung geben.
3. Restlichen Zitronensaft sowie nach Belieben Orangenlikör mit der Erdbeer-Jalapeño-Mischung verrühren und noch einmal offen 15 Minuten bei Zimmertemperatur ziehen lassen.
4. Kurz vor dem Servieren die Zitronenschale unter die Erdbeer-Jalapeño-Mischung rühren. Schokoladeneis in Eisbecher geben, die Erdbeer-Jalapeño-Mischung daraufgeben und mit Jalapeño-Ringen garniert sofort servieren.

★ Mexikanischer Schoko-Mais-Kuchen

Irvin Lin

Für 12 Stücke

Für die Maismilch und die Maiskörner

1 mittelgroßer **Maiskolben** ohne Blätter

180 ml **Milch**

180 g **Sahne**

115 g **Zucker**

2 EL **Speisestärke**

2 TL **Zimtpulver**

½ TL **Meer-** oder **Steinsalz**

Für die Streusel

110 g **Mehl**

135 g **brauner Zucker**

30 g **ungesüßtes Kakaopulver**

2 TL **Zimtpulver**

¼ TL **Cayennepfeffer**

½ TL **Meer-** oder **Steinsalz**

115 g **Butter**, kalt

Für den Teig

330 g **Mehl**

60 g **Maismehl**

4 TL **Backpulver**

1 TL **Meer-** oder **Steinsalz**

340 g **Zucker**

115 g **Butter**, zimmerwarm

2 TL **Vanilleextrakt**

2 **Eier** (Größe L)

Mein Partner AJ und ich haben immer schon davon geträumt, alle 63 Nationalparks in den Vereinigten Staaten zu besuchen; als er also vorschlug, ein Wochenende im Joshua-Tree-Nationalpark zu verbringen, dachte ich mir nichts dabei. Auf unserer Wanderung kamen wir an einer Felsformation vorbei. Dort stellte AJ sich hin und sagte: »Ich habe ein Geschenk für dich.« Das erregte sofort meinen Verdacht: AJ ist einfach nicht der Typ für Überraschungen. Während ich noch darüber nachdachte, was er wohl vorhatte, zog er das Geschenk aus seinem Rucksack. Es war ein großes Album voller Bilder aus den 26 Nationalparks, die wir bereits besucht hatten, und auf der letzten Seite des Albums stand: »Willst du mich heiraten?« Ich sagte Ja, überglücklich, und nach unserer Wanderung landeten wir in einer Eisdiele in Palm Springs, dem Ice Cream & Shop(pe). Dort feierten wir unsere Verlobung mit je einer Kugel mexikanischem Schokoladeneis – das sich von normalem Schokoeis durch die Zugabe von Gewürzen wie Zimt und Cayennepfeffer unterscheidet – und Maiseis, einer ungewöhnlichen Geschmackskombination, die jedoch so gut schmeckte, dass ich sie zu einem Kuchenrezept im Gedenken an diesen Tag umwandelte.

1. Für die Maismilch und die Maiskörner den Maiskolben mit der Milch und der Sahne in einen großen Topf geben und bei mittlerer bis hoher Temperatur zum Kochen bringen. Die Hitze auf niedrige Temperatur reduzieren und den Maiskolben zugedeckt 8 Minuten köcheln lassen, bis die Körner weich sind.
2. Den Maiskolben aus dem Topf nehmen und etwas abkühlen lassen. Anschließend die Körner vom Kolben lösen und in einer mittelgroßen Schüssel beiseitestellen. Den Maiskolben ohne Körner wieder in die Milch-Sahne-Mischung geben und zugedeckt 30 Minuten darin ziehen lassen.
3. Zucker, Speisestärke, Zimt und Salz zu den Maiskörnern geben. Gründlich verrühren und erneut beiseitestellen.
4. Für die Streusel Mehl, braunen Zucker, Kakaopulver, Zimt, Cayennepfeffer und Salz in eine mittelgroße Schüssel geben. Die kalte Butter in etwa 1 Zentimeter große Würfel schneiden und dazugeben. Die Butterwürfel mit den Fingerspitzen in den trockenen Zutaten wenden und anschließend in kleine, etwa erbsengroße Stücke zerkrümeln. Die Streusel bis zur Weiterverwendung kühl stellen.
5. Den Backofen auf 175 °C vorheizen und eine Backform (ca. 23 x 33 cm) mit Kochspray einfetten.
6. Für den Teig Mehl, Maismehl, Backpulver und Salz in einer großen Schüssel verrühren.
7. Zucker, Butter und Vanilleextrakt im Standrührgerät in rund 3 Minuten hell und schaumig schlagen. Nacheinander die Eier hinzufügen und unterrühren.
8. Den Maiskolben aus der Milch-Sahne-Mischung nehmen und entsorgen. Von der Milch-Sahne-Mischung 300 Milliliter abmessen.

9 Die Hälfte der trockenen Zutaten aus Zubereitungsschritt 6 zur Mischung im Standrührgerät geben und verrühren. Die Hälfte der Milch-Sahne-Mischung unterrühren. Mit den restlichen trockenen Zutaten und der restlichen Milch-Sahne-Mischung ebenso verfahren. Die Maiskörner mit einem Gummispatel unter den Teig heben. Den Teig in die vorbereitete Backform füllen und gleichmäßig darin verteilen. Mit den Streuseln bedecken.

10 Den Kuchen 40 bis 50 Minuten im vorgeheizten Ofen backen, bis an einem hineingesteckten Zahnstocher kein Teig mehr kleben bleibt. Den Kuchen abkühlen lassen, in 12 Quadrate schneiden und servieren.

Whiskeyglasierte Doughnuts

Iliana Regan

Für 12 Doughnuts

Für die Doughnuts

2 Päckchen **Trockenhefe**

240 ml **Milch**, auf 43 – 46 °C erwärmt

440 g **Mehl** mit hohem Glutenanteil bzw. **Brotmehl** (Type 1050) + etwas mehr für die Arbeitsfläche

115 g **Zucker**

1 EL **Meer-** oder **Steinsalz**

115 g **Sauerteig-Starter** oder 60 g **Vollkornweizenmehl**

3 **Eier** (Größe L), zimmerwarm

1 **Eiweiß** von 1 Ei Größe L, zimmerwarm

1½ EL **Vanilleextrakt**

Mark von 1 **Vanilleschote**

170 g **Butter**, zerlassen und abgekühlt + etwas mehr für die Schüssel

1½ – 2 l **Rapsöl** + etwas mehr für das Blech

Für die Glasur

240 ml **Whiskey**

330 g **Puderzucker**

Ich bin ziemlich introvertiert und hasse es, im Mittelpunkt der Aufmerksamkeit zu stehen. Die meiste Zeit über will ich lieber nicht gehört, gesehen oder angesprochen werden. Ich verschwinde gern und lebe im Wald, fernab von anderen, abgesehen von meiner Frau und meinen Hunden. Über einiges aber möchte ich durchaus sprechen, beispielsweise darüber, wie stolz ich bin, mit einer solch wundervollen Frau verheiratet zu sein, und wie stolz ich darauf bin, mein Rezept für whiskeyglasierte Doughnuts immer weiter zu perfektionieren – so stolz, dass ich damit in meiner Bäckerei wie ein Pfau herumstolziere. Sagt mir jemand, die Doughnuts seien gut, antworte ich: »Ich weiß.« Ich gebe sie sogar Kunden meiner Bäckerei mit, die sie gar nicht verlangt haben, nur um ihnen zu zeigen, wie gut sie sind. Ich esse täglich ein paar von ihnen und kann selbstbewusst sagen, dass dies die besten Doughnuts sind, die ich kenne.

1. Für die Doughnuts in einer kleinen Schüssel die Hefe mit der Milch verrühren und 5 Minuten gehen lassen, bis die Mischung zu schäumen beginnt.
2. Das Standrührgerät mit Knethaken versehen. In der Schüssel des Standrührgeräts Mehl, Zucker und Salz verrühren. Den Sauerteig-Starter dazugeben und unterrühren. Die Hefemischung hinzufügen und auf mittlerer bis niedriger Stufe weiterrühren. Bei laufendem Gerät Eier, Eiweiß, Vanilleextrakt und Vanillemark dazugeben. Die zerlassene Butter einfließen lassen und unterrühren. 8 Minuten weiterrühren, bis ein klebriger Teig entstanden ist. Diesen in eine eingefettete Schüssel geben und 24 Stunden kühlen.
3. Den Teig ½ Zentimeter dick ausrollen. Mit einem Ausstecher (10 cm Ø) Kreise ausstechen und aus diesen wiederum Kreise mit 2½ Zentimeter Durchmesser ausstechen. Die Doughnuts auf ein leicht eingeöltes Backblech legen. Die Teigreste verkneten, 10 Minuten ruhen lassen und weitere Doughnuts daraus ausstechen. Insgesamt sollte der Teig etwa 12 Doughnuts ergeben. Mit Klarsichtfolie bedecken und 80 Minuten gehen lassen. Anschließend im Kühlschrank auf 13 bis 21 °C herunterkühlen.
4. Für die Glasur den Whiskey in einen Topf geben und bei mittlerer bis hoher Temperatur erhitzen, bis er zu sieden beginnt. Den Topf vom Herd nehmen und den Whiskey darin mit einem langen Streichholz vorsichtig anzünden. Abbrennen lassen und den Whiskey anschließend abkühlen lassen.
5. In eine große Schüssel gießen und nach und nach mit dem Puderzucker verrühren. Dabei immer nur etwa 30 Gramm Puderzucker auf einmal zugeben, bis die Glasur glatt, aber nicht zu dünnflüssig vom Schneebesen läuft.
6. Das Rapsöl in einem großen Topf mit schwerem Boden auf 160 bis 170 °C erhitzen. Die Doughnuts portionsweise hineingeben und 1 Minute in dem heißen Öl frittieren. Wenden und 2 Minuten weiterfrittieren, dann noch einmal wenden und in 1 letzten Minute goldbraun frittieren. Auf ein Kuchengitter heben und etwas abkühlen lassen. Die Doughnuts mit einer Seite in die Glasur tauchen, wieder auf das Kuchengitter legen, damit überschüssige Glasur abtropfen kann, und warm servieren.

Nasser Blaubeer-Butterkuchen

April Anderson

Für 18 Stücke

Für den Teig

170 g **Mehl**

225 g **Zucker**

30 g **Milchpulver**

1½ TL **Backpulver**

½ TL **Meer-** oder **Steinsalz**

170 g **Butter**, 115 g in Würfel geschnitten und gekühlt, 55 g zerlassen

1½ TL **Vanilleextrakt**

1 **Ei** (Größe L)

Für die Füllung

1 Packung **Frischkäse**, 225 g, zimmerwarm

2 **Eier** (Größe L)

2 TL **Zitronenextrakt**

abgeriebene Schale von 1 **Bio-Zitrone**

550 g **Puderzucker**, gesiebt + etwas mehr zum Bestäuben

150 g **Blaubeeren**

Zwei Jahre nachdem Michelle und ich uns kennengelernt und zu ersten Dates verabredet hatten, fuhren wir nach St. Louis zum großen jährlichen Treffen ihrer Familie. Es war das erste Mal, dass wir gemeinsam dorthin fuhren. Wir freuten uns darauf, Zeit mit Menschen zu verbringen, die uns als Paar akzeptierten – waren aber auch aufgeregt, weil wir kurz zuvor gelesen hatten, dass St. Louis als Geburtsstadt des »gooey butter cake« gilt. Michelle und ich lieben es, gemeinsam neue Köstlichkeiten auszuprobieren, und so nahmen wir uns bei Gelegenheit eine kleine Auszeit vom Familientreffen und machten uns auf die Suche nach dem Kuchen. Nach den ersten Bissen waren wir ihm schon verfallen. Zurück von der Reise nach St. Louis wollte ich den Kuchen als Zeichen der Liebe und Wertschätzung meiner Frau gegenüber unbedingt nachbacken. Ich durchforstete das Internet nach dem perfekten Rezept, doch wurde jedes Mal eine Fertigmischung für den Grundteig verwendet, die mir nicht in die Schüssel kam. Nach zwei Jahren des Testens und Scheiterns hatte ich endlich mein perfektes Rezept entwickelt, und als wir 2013 unsere Bäckerei eröffneten, wurde der Kuchen natürlich ins Sortiment aufgenommen. Das Rezept in gebackener Form an unsere Kunden weiterzugeben ist unsere Art, die Liebe, die wir füreinander empfinden, mit anderen zu teilen.

1. Den Backofen auf 175 °C vorheizen und eine Backform (ca. 20 x 30 cm) mit Kochspray einfetten. Die Form anschließend mit Backpapier auskleiden; dabei das Backpapier an den kurzen Seiten etwas überstehen lassen, damit man den Kuchen nach dem Backen leichter aus der Form heben kann.
2. Für den Teig Mehl, Zucker, Milchpulver, Backpulver, Salz und 115 Gramm gekühlte Butterwürfel im Standrührgerät auf mittlerer Stufe etwa 2 Minuten verrühren, bis sich die Butter in kleine, erbsengroße Stücke aufgelöst hat. Vanilleextrakt, 55 Gramm zerlassene Butter und das Ei unterrühren. Den Teig in die vorbereitete Backform füllen und mit sauberen, mit Kochspray eingefetteten Händen gleichmäßig darin verteilen. Die Form ins Tiefkühlfach stellen und das Standrührgerät säubern.
3. Für die Füllung Frischkäse und Eier im Standrührgerät auf mittlerer Stufe in 4 bis 5 Minuten zu einer hellgelben, aber noch nicht klümpchenfreien Masse verrühren. Zitronenextrakt und Zitronenschale hinzufügen und auf mittlerer bis hoher Stufe 5 bis 7 Minuten weiterrühren, bis die Masse glatt ist. Das Standrührgerät auf niedrige Stufe schalten und weiterlaufen lassen, während der Puderzucker in drei Portionen dazugegeben wird. Erneut glatt rühren. Zum Schluss die Blaubeeren mit einem Gummispatel unterheben. Die Füllung auf den Teig in der Form geben und gleichmäßig darauf verteilen.
4. Den Kuchen 45 bis 50 Minuten im vorgeheizten Ofen backen, bis die Oberfläche hellgoldfarben ist. Den Kuchen anschließend mindestens 2 Stunden abkühlen lassen, mithilfe des Backpapiers aus der Form heben, mit Puderzucker bestäuben, in 18 Stücke schneiden und servieren.

Mürbegebäck
mit Safran und Pistazien

Jesse Szewczyk

Für 24 Plätzchen

225 g **Butter**

¾ TL **Safranfäden**, leicht mit den Fingern zerrieben

220 g **Mehl** + etwas mehr für die Arbeitsfläche

¼ TL **Backpulver**

¼ TL **Meer-** oder **Steinsalz**

85 g **Puderzucker**, gesiebt

2 TL **Vanilleextrakt**

1 TL **Mandelextrakt**

170 g **Zartbitterschokolade**, gehackt

1 EL **Kokosöl** oder **Pflanzenmargarine**

90 g geröstete und gesalzene **Pistazien**, fein gehackt

Meersalzflocken (optional)

Meine Mutter hat schon immer gern gebacken und weite Wege auf sich genommen, um an hochwertige Zutaten zu kommen. In der Innenstadt von Chicago gab es einen Laden mit Lebensmitteln aus dem Nahen Osten, den sie sehr mochte, der aber zwei Stunden von unserem Haus in einem verschlafenen Vorort entfernt lag. Alle paar Monate fuhren wir dorthin, um unsere Vorräte aufzustocken – und ich war jedes Mal sehr aufgeregt, wenn die Fahrt wieder anstand. Meine Aufregung war auch der Tatsache geschuldet, dass sich der Markt in der Nähe von Boystown befand, Chicagos Schwulenviertel. Es war der einzige Ort, an dem ich jemals queere Leute auf der Straße sah. Meine Mutter kaufte Safran, Pistazien und andere Köstlichkeiten ein, von denen ich auf der Fahrt nach Hause naschte, während ich durchs Autofenster beobachtete, wie das queere Volk absolut unverstellt lachte und Händchen hielt. Dieser natürliche Ausdruck von Stolz und Glück wurde mein Ziel. Nach meinem Uni-Abschluss zog ich ganz in die Nähe von Boystown. Und wann immer ich heute mit Safran backe, erinnert mich der süße Duft daran, wie weit ich gekommen bin.

1. Die Butter in einem kleinen Topf bei mittlerer Temperatur zerlassen. Den Safran hineingeben und unter Rühren etwa 2 Minuten in der Butter andünsten, bis Letztere eine leuchtend orange Farbe annimmt und der Safran zu duften beginnt. Die Safranbutter in eine ofenfeste Schale gießen und mit Klarsichtfolie bedeckt in 1 Stunde im Kühlschrank fest werden lassen.
2. Den Backofen auf 175 °C vorheizen und zwei Backbleche mit Backpapier belegen.
3. In einer mittelgroßen Schüssel Mehl, Backpulver sowie Salz verrühren und beiseitestellen.
4. Safranbutter und Puderzucker im Standrührgerät in etwa 2 Minuten auf mittlerer Stufe hell-schaumig schlagen. Vanille- sowie Mandelextrakt hinzufügen und kurz unterrühren. Die Mehlmischung dazugeben und alles auf niedriger Stufe in rund 1 Minute zu einem trockenen Teig verarbeiten.
5. Den Teig auf die leicht bemehlte Arbeitsfläche geben und zu einer Kugel formen. Diese mit Mehl bestäuben und zu einem etwa 1 Zentimeter dicken Kreis ausrollen. Mit einem Plätzchenausstecher (ca. 4 cm Ø) Plätzchen ausstechen und diese im Abstand von etwa 2½ Zentimetern auf die vorbereiteten Backbleche legen. Die Plätzchen 3-mal mit einer Gabel einstechen und für 10 Minuten ins Gefrierfach stellen.
6. Die Plätzchen anschließend 14 bis 16 Minuten im vorgeheizten Ofen hellgoldbraun backen. Dann auf den Backblechen vollständig abkühlen lassen.
7. Schokolade und Kokosöl in eine mittelgroße, mikrowellengeeignete Schüssel geben und in 10-Sekunden-Intervallen in der Mikrowelle schmelzen. Zwischendurch umrühren. Die Plätzchen zur Hälfte in die geschmolzene Schokolade tauchen und mit dem Rand in den Pistazien rollen. Auf Backpapier legen, nach Belieben mit Meersalzflocken bestreuen und die Schokolade in etwa 1 Stunde fest werden lassen.

Mousse-au-Chocolat-Torte

Bill Yosses

Für 10 Stücke

Für den Schokoladenbiskuitteig

Fett für die Formen

6 **Eier** (Größe L)

6 **Eigelbe** von Eiern Größe L

225 g **Zucker**

1 TL **Vanilleextrakt**

110 g **Mehl**, gesiebt

3 EL **ungesüßtes Kakaopulver**

Für die Füllung

4 EL **Butter**

350 g **Zartbitterschokolade**, gehackt

2 sehr frische **Eier** (Größe L), getrennt

2 TL lösliches **Kaffeepulver**

75 ml **dunkler Rum**

3 EL **Schokoladen-Haselnuss-Paste** bzw. **Schokoladen-Haselnuss-Brotaufstrich**

1 Prise **Meer-** oder **Steinsalz**

2 EL **Zucker**

320 g **Sahne**

2 EL **Puderzucker**

Diese Festtagstorte wird mich immer an den unglaublichen Tag im Jahr 2012 erinnern, an dem US-Präsident Obama die gleichgeschlechtliche Ehe öffentlich befürwortete. Ich hatte damals das große Glück, leitender Konditor im Weißen Haus zu sein, und weiß noch, wie aufgeregt ich war, als ich Obamas Worte hörte. Es war das erste Mal, dass sich ein Oberhaupt der Vereinigten Staaten dergestalt äußerte – die LGBTQ+ Community war außer sich vor Freude. Jede(r) Homosexuelle hat zumindest einmal in seinem Leben das Bedürfnis verspürt, sich unsichtbar zu machen, um jenem mit dem »Anderssein« unweigerlich verknüpften Stigma zu entgehen, und plötzlich sprach es der Führer der freien Welt laut aus: Alle Amerikaner haben das Recht auf Gleichheit. Drei Jahre später entschied auch der U.S. Supreme Court zugunsten der gleichgeschlechtlichen Ehe. Dieses Dessert, im Grunde ein simpler Schokoladenkuchen, der ganz nach Belieben schlicht oder sehr festlich daherkommen kann, passt zum Geburtstag oder zu einer Party ebenso gut wie zu einem politischen Triumph.

1. Den Backofen auf 190 °C vorheizen. Drei Springformen (ca. 24 cm Ø) einfetten und mit Backpapier auskleiden. Wer keine drei Springformen hat, bäckt die Kuchen einfach nacheinander.
2. Für den Schokoladenbiskuitteig Eier, Eigelbe, Zucker und Vanilleextrakt unter konstantem Rühren 4 bis 5 Minuten über einem heißen Wasserbad erhitzen und anschließend vom Herd nehmen.
3. Die Mischung mit dem elektrischen Handrührgerät auf mittlerer bis hoher Stufe in rund 7 Minuten hellgelb schlagen; dabei sollte sie ihr Volumen etwa verdreifachen. Mehl sowie Kakaopulver dazusieben und mit einem Gummispatel unterheben. Den Teig in die vorbereiteten Formen füllen.
4. Die Kuchen 8 bis 10 Minuten im vorgeheizten Ofen backen, bis an einem in der Mitte hineingesteckten Holzstäbchen kein Teig mehr hängen bleibt. Anschließend vollständig abkühlen lassen.
5. Für die Füllung Butter und Schokolade über dem heißen Wasserbad schmelzen. Vom Herd nehmen und etwas abkühlen lassen.
6. In der Zwischenzeit in einer großen Schüssel Eigelbe, Kaffeepulver, Rum und Schokoladen-Haselnuss-Paste glatt rühren. Die Butter-Schokoladen-Mischung unterrühren.
7. Eiweiß sowie Salz in eine mittelgroße Schüssel geben und mit dem elektrischen Handrührgerät fast steif schlagen. Bei laufendem Gerät nach und nach den Zucker einrieseln lassen und die Masse ganz steif schlagen.
8. In einer zweiten mittelgroßen Schüssel Sahne und Puderzucker mit dem elektrischen Handrührgerät steif schlagen.

9 Eischnee mit dem Gummispatel vorsichtig unter die Mischung aus Zubereitungsschritt 6 heben und anschließend die steif geschlagene Sahne unterheben.

10 Die Kuchen aus den Springformen nehmen. Eine der gesäuberten Springformen erneut einfetten und den Rand mit Backpapier auskleiden.

11 1 Kuchen in die Springform legen und etwa ein Drittel der Füllung gleichmäßig darauf verteilen. Mit den restlichen Kuchen und der restlichen Füllung ebenso verfahren. Die Springform in Klarsichtfolie hüllen und die Torte mindestens 8 Stunden kühl stellen.

12 Zum Servieren die Torte vorsichtig aus der Springform nehmen und den Backpapierstreifen vom Rand lösen. Die Torte auf einen Tortenständer legen und mit einem heißen Messer in 10 Stücke schneiden.

★ Schokochipskuchen in der Pfanne

Natasha Case & Freya Estreller

Für 8 Stücke

115 g **Butter**, in Würfel geschnitten

200 g **dunkler brauner Zucker**

2 TL **Vanilleextrakt**

1 **Ei** (Größe L)

140 g **Mehl**

½ TL **Meer-** oder **Steinsalz**

½ TL **Backpulver**

¼ TL **Natron**

90 g **Zartbitter-Schokochips**

Vanilleeis

2009 gründeten wir die Eiscrememarke Coolhaus, die bald für ihre Eiscreme-sandwiches ziemlich berühmt wurde. Damals haben wir nicht nur Eis und Kekse kreativ neu gestaltet, sondern auch begonnen, uns zu daten. Unsere Beziehung begann in der Tat unglaublich romantisch – wer kann schon von sich sagen, in einem alten Eismobil auf dem Weg zu einer Hochzeit in Malibu dem Sonnenuntergang entgegengefahren zu sein? Es war einfach vollkommen. Wir lieben diese dekadente Leckerei, denn der herrlich weiche Pfannkuchen eignet sich ideal zum Teilen mit Liebsten und Freunden. Er glänzt zu jedem Anlass: als Nachtisch auf einer Dinnerparty, als Geburtstagskuchen oder als kleine Belohnung nach der Schule. Besonders köstlich ist er, wenn er ofen-warm serviert wird, und zudem bietet er die perfekte Grundlage für jede Art von Eis. Bei uns muss es allerdings immer Vanilleeis sein.

1. Den Backofen auf 175 °C vorheizen.
2. Eine gusseiserne Pfanne (ca. 24 cm Ø) bei mittlerer bis niedriger Temperatur erhitzen. Die Butter in der Pfanne zerlassen und darin schwenken, sodass Boden und Rand gut bedeckt sind. Die Pfanne vom Herd nehmen und die Butter darin etwa 5 Minuten abkühlen lassen.
3. Braunen Zucker, Vanilleextrakt sowie Ei in die Pfanne geben und mit einem Holzlöffel glatt rühren. Mehl, Salz, Backpulver und Natron hinzufügen und nicht zu lange unterrühren.
4. Die Hälfte der Schokochips unterrühren und dabei gleichmäßig verteilen. Den Teig in der Pfanne glatt streichen, überschüssigen Teig vom Pfannenrand entfernen. Die restlichen Schokochips auf den Teig streuen.
5. Den Kuchen rund 20 Minuten im vorgeheizten Ofen backen, bis er an der Oberfläche hellgoldbraun, in der Mitte aber noch weich ist. Aus dem Ofen nehmen, Vanilleeis daraufgeben und sofort servieren.

Hochzeitskuchen-Cookie-Sandwiches

Brian Hart Hoffman

Für 15 Cookie-Sandwiches

Für die Cookies

225 g **Butter**, weich

450 g **Zucker**

2 **Eier** (Größe L), zimmerwarm

1 EL **Vanilleextrakt**

½ TL **Mandelextrakt**

250 g **Mehl**

85 g **Brotmehl** (Type 1050)

2 TL **Backpulver**

2 TL **Weinsteinbackpulver**

1 TL **Natron**

1 TL **Meer-** oder **Steinsalz**

2 EL **Milch**, zimmerwarm

200 g **bunte Zuckerstreusel** + etwas mehr zum Bestreuen

Für die Hochzeitskuchen-Buttercreme

115 g **Butter**, weich

900 g **Puderzucker**, gesiebt

180 ml **Milch**, zimmerwarm

1 TL **Mandelextrakt**

Als Kind liebte ich Hochzeiten und ging auf so viele wie nur irgend möglich. Meine Mutter war Kirchenorganistin, meine Tante Janice Hochzeitsplanerin und meine Tante Cheryl Kuchenliebhaberin. Als mir allmählich bewusst wurde, dass ich schwul bin, verblasste meine Begeisterung für Hochzeiten, denn schließlich, so dachte ich, würde ich ja nie selbst heiraten können. Es machte mich traurig, meine zukünftige Liebe und meinen zukünftigen Mann nicht mit einem Fest dieser Art feiern oder irgendwann einen *eigenen* Hochzeitskuchen haben zu können. Meine trotzige Devise fortan war: »Ich brauche keine Hochzeit, um verliebt zu sein, also will ich auch keine.« Dann begegnete ich Stephen. Und wollte doch eine Hochzeit. Nach einem Ausflug nach Seattle, wo wir legal getraut wurden (das war 2013, zwei Jahre vor der landesweiten Regelung), feierten wir unsere Traumhochzeit im Haus meiner Mutter in Alabama, gemeinsam mit 150 Menschen, die uns lieben – *und* mit einem traumhaften Hochzeitskuchen. Die Cookie-Sandwiches hier schmecken genau wie unser Kuchen und erinnern daran, dass ein Fest immer im Bereich des Möglichen liegt.

1. Für die Cookies Butter und 300 Gramm Zucker im Standrührgerät auf mittlerer Stufe in 3 bis 4 Minuten schaumig rühren. Nacheinander die Eier hinzufügen und unterrühren. Anschließend Vanille- und Mandelextrakt unterrühren.
2. In einer mittelgroßen Schüssel Mehl, Brotmehl, Backpulver, Weinsteinbackpulver, Natron und Salz verrühren. Das Standrührgerät auf niedrige Stufe schalten und peu à peu die trockenen Zutaten kurz unter die feuchten rühren. Anschließend die Milch unterrühren. Die Zuckerstreusel unterheben und den Teig mit Klarsichtfolie bedeckt mindestens 1 Stunde bis zu 3 Tage kühl stellen.
3. Den Backofen auf 175 °C vorheizen und vier Backbleche (oder so viele, wie vorhanden sind) mit Backpapier belegen.
4. Mit einem Eisportionierer Portionen vom Teig abstechen und diese zu Kugeln rollen. Die Kugeln in dem restlichen Zucker wälzen und im Abstand von etwa 8 Zentimetern auf die vorbereiteten Backbleche legen. Mit Zuckerstreuseln bestreuen und 12 bis 14 Minuten im vorgeheizten Ofen backen, bis die Kekse an den Rändern leicht gebräunt sind. Aus dem Ofen nehmen, 5 Minuten auf den Blechen abkühlen lassen und anschließend auf Kuchengitter legen.
5. In der Zwischenzeit die Hochzeitskuchen-Buttercreme zubereiten. Dafür die Butter im Standrührgerät auf mittlerer Stufe in 3 bis 4 Minuten cremig rühren. Nach und nach den Puderzucker sowie die Milch zugeben und alles zu einer streichfähigen Buttercreme verarbeiten. Mandelextrakt in rund 4 Minuten unterrühren.
6. Die Buttercreme in eine Spritztüte mit großer Sterntülle füllen und ringförmig auf die flache Seite der Hälfte der Cookies geben. Mit den restlichen Cookies bedecken und servieren.

★ Zitronen-Ricotta-Torta

Rita Sodi & Jody Williams

Für 1 Springform (24 cm Ø)

240 g **Mandelmehl**

60 g **Mehl**

225 g weiche **Butter**

340 g **Zucker**

6 **Eier** (Größe L), getrennt

abgeriebene Schale von 7 **Bio-Zitronen** (ca. 14 TL)

Saft von 3 **Zitronen** (ca. 6 EL)

300 g **Ricotta**

Puderzucker

frische **Kräuter** und/oder **essbare Blüten** zum Garnieren (optional)

Wir haben diesen Zitronen-Ricotta-Kuchen am Tag unserer Hochzeit im Jahr 2015 in New York City gemeinsam gebacken. Wir bestäubten ihn mit Puderzucker und verzierten ihn mit frischen Kräutern, blühendem Thymian, Minze und Lavendel – und bewahrten sogar ein Sträußchen der Kräuter als Andenken auf. Wir backen den beliebten Kuchen noch immer für unsere Restaurants, meist im Frühling, mit Meyer-Zitronen und frischem Ricotta. Er wird für uns beide immer den Spitznamen »Hochzeitskuchen« tragen, obwohl er auf der Speisekarte als Zitronen-Ricotta-Torta auftaucht. Er ist leicht zuzubereiten und kann auch ohne essbare Blüten und Puderzucker serviert werden – als rustikales Dessert bei einer Hochzeit beispielsweise.

1 Den Backofen auf 160 °C vorheizen und eine Springform (24 cm Ø) mit Backpapier auskleiden. Die Form außen fest mit Alufolie umwickeln.

2 In einer mittelgroßen Schüssel beide Mehlsorten vermengen. Beiseitestellen.

3 In einer großen Schüssel Butter und Zucker mit dem elektrischen Handrührgerät in etwa 3 Minuten schaumig schlagen. Nacheinander die Eigelbe hinzufügen, anschließend Zitronenschale sowie Zitronensaft dazugeben. Die Mehlmischung unterrühren und den Ricotta unterheben.

4 In einer zweiten großen Schüssel das Eiweiß mit dem elektrischen Handrührgerät steif schlagen. Den Eischnee unter den Teig heben, dabei nicht zu kräftig rühren.

5 Den Teig in die vorbereitete Form geben und diese auf ein tiefes Backblech stellen. Das Blech 2½ bis 5 Zentimeter hoch mit kochendem Wasser füllen; die Alufolie verhindert, dass das Wasser in die Kuchenform läuft. Den Kuchen 60 bis 70 Minuten im Ofen backen, anschließend aus dem Ofen nehmen und vollständig abkühlen lassen, bevor er aus der Springform genommen wird.

6 Den Kuchen mit Puderzucker bestäuben und nach Belieben mit frischen Kräutern und/oder essbaren Blüten garnieren.

Grüner-Tee-Kuchen

mit Erdbeer-Semifreddo

Pichet Ong

Für 8 Stücke

Für den Grüner-Tee-Kuchen

2 TL lose **Grüne-Tee-Blätter**, vorzugsweise Sencha

60 ml **Milch**

60 g **Sauerrahm**

1 EL + 1 TL **Traubenkernöl**

1 TL **Meer-** oder **Steinsalz**

150 g **Zucker**

1 **Ei** (Größe L)

40 g **Speisestärke**

40 g **Reismehl**

1 TL **Natron**

30 g **Matchapulver**

Für das Erdbeer-Semifreddo

360 g **Erdbeeren**, geputzt und halbiert + etwas mehr zum Garnieren

2 EL + 55 g **Zucker**

3 **Eier** (Größe L)

2 **Eigelbe** von Eiern Größe L

abgeriebene Schale und Saft von 1 **Bio-Zitrone**

600 g **Sahne**, kalt

In den 20 Jahren, in denen ich nun schon in der Foodbranche tätig bin, konnte ich erfreulicherweise eine zunehmende Toleranz in den Küchen feststellen. Ich kann heute mehr denn je auch bei der Arbeit authentisch ich selbst sein. Als Konditor verleihe ich meiner Persönlichkeit auch durch meine Desserts Ausdruck: durch saisonal erhältliche Früchte, verschiedene Konsistenzen und verschiedene Serviertemperaturen. Für dieses Semifreddo – der italienische Name für Halbgefrorenes – werden eingekochte Erdbeeren unter eine Schlagsahne-Eier-Mischung gehoben und dann ins Tiefkühlfach gestellt, was eine federleichte Variante von Erdbeereis ergibt. Der Grüner-Tee-Kuchen gleicht die Süße der Früchte elegant aus. Das eindrucksvolle Dessert kann gut im Voraus zubereitet werden – die Kuchenschichten kann man beispielsweise schon am Tag zuvor backen.

1. Für den Grüner-Tee-Kuchen den Backofen auf 175 °C vorheizen und zwei Backbleche mit Backpapier belegen.
2. 240 Milliliter Wasser in einem kleinen Topf schwach zum Köcheln bringen. Die losen Teeblätter hineingeben und die Mischung anschließend in ein hohes, schmales Gefäß wie etwa einen Messbecher umfüllen. Mit dem Pürierstab so lange mixen, bis die Blätter fein gemahlen sind. Abseihen und den grünen Tee wieder in das Gefäß geben. Milch, Sauerrahm, Traubenkernöl, Salz, Zucker und Ei dazugeben und mit dem Pürierstab glatt mixen.
3. In einer mittelgroßen Schüssel Speisestärke, Reismehl, Natron und Matchapulver verrühren. Die trockenen Zutaten zu den feuchten Zutaten aus Zubereitungsschritt 2 geben und mit dem Pürierstab zu einem glatten, klümpchenfreien Teig verarbeiten.
4. Den Teig gleichmäßig auf den vorbereiteten Backblechen verteilen und 8 bis 10 Minuten im vorgeheizten Ofen backen, bis an einem in der Mitte hineingesteckten Holzstäbchen kein Teig mehr hängen bleibt. Nach der Hälfte der Backzeit die Bleche tauschen. Den Kuchen aus dem Ofen nehmen und vollständig abkühlen lassen.
5. Für das Erdbeer-Semifreddo die Erdbeeren mit 2 Esslöffel Zucker in einen mittelgroßen Topf geben und bei mittlerer Temperatur erhitzen. Etwa 20 Minuten einkochen, dabei alle 5 Minuten umrühren. Die Masse sollte eine marmeladenähnliche Konsistenz erreichen und knapp 100 °C heiß sein. Den Topf vom Herd nehmen und die Erdbeermischung abkühlen lassen.
6. Eier, Eigelbe, 55 Gramm Zucker und Zitronenschale sowie Zitronensaft über einem heißen Wasserbad unter konstantem Rühren so lange erhitzen, bis sich der Zucker aufgelöst hat, die Mischung leicht eindickt und eine Temperatur von knapp 70 °C aufweist. Das dauert rund 5 Minuten.
7. Die Eiermischung im Standrührgerät auf hoher Stufe etwa 6 Minuten schlagen, bis sie ihr Volumen fast verdreifacht hat.

8 Die Erdbeermischung unter die Eiermischung heben, in eine separate große Schüssel füllen und beiseitestellen. Die Schüssel des Standrührgeräts säubern.

9 Die Sahne im Standrührgerät auf hoher Stufe in etwa 30 Sekunden halb steif schlagen. Die Hälfte der Schlagsahne mit der Erdbeer-Eier-Mischung verrühren, die restliche Schlagsahne vorsichtig unterheben.

10 Eine Kastenform (ca. 23 x 10 cm) mit Backpapier auskleiden und Letzteres an den langen Seiten etwas überstehen lassen. Das Backpapier mit Kochspray etwas einfetten und mit einer Lage Klarsichtfolie so belegen, dass die Folie auf allen Seiten etwa 10 Zentimeter überhängt. Die Form kühl stellen.

11 Eine Lage Kuchen quer in 8 knapp 4 Zentimeter breite Streifen schneiden. Die Hälfte der zweiten Lage quer in 4 ebenfalls knapp 4 Zentimeter breite Streifen schneiden, sodass insgesamt 12 Streifen vorhanden sind. Der Rest des Kuchens kann zum Füllen von Lücken verwendet werden.

12 Etwas Erdbeer-Semifreddo gut 1 Zentimeter dick in die Kastenform füllen und mit 2 Kuchenstreifen belegen. So fortfahren, bis die Form gefüllt ist, dabei aber mit Semifreddo abschließen. Mit der Form leicht auf die Arbeitsfläche klopfen, um eventuelle Lufttaschen zu entfernen. Die überstehende Klarsichtfolie über das Semifreddo schlagen und direkt auf die Oberfläche pressen. Den Kuchen über Nacht ins Gefrierfach stellen.

13 Den Kuchen aus der Form heben und von der Klarsichtfolie befreien. Quer in 8 etwa 2½ Zentimeter dicke Scheiben schneiden und diese mit Erdbeeren garniert servieren.

Danksagung

Dieses Kochbuch gäbe es ohne die LGBTQ+ Community und ihre leidenschaftlichen Verbündeten nicht. Danke, ihr Redakteure, Gestalter und Rechtsabteilungen, deren unermüdliche Arbeit das Buch zu dem gemacht hat, das es jetzt ist. Es sind eben solche Verbündete wie ihr, die der Welt vor Augen führen, dass Gleichberechtigung nicht nur eine Sache der LGBTQ+ Community, sondern ein grundlegendes Menschenrecht ist.

Jesse Szewczyk möchte den folgenden Personen und Institutionen danken:

Tasty für seine entschiedene Haltung in Sachen Gleichberechtigung, sein Engagement für die Inklusion und dafür, dass man sich dort dafür einsetzt, dass die LGBTQ+ Community auch in den Mainstream-Foodmedien vertreten ist. Ich danke euch, dass ihr die Plattform, die finanziellen Mittel, die Unterstützung und das Management zur Verfügung gestellt habt, die nötig waren, um dieses Buch zu einem Erfolg zu machen. Ebenso danke ich euch für eure großzügige Spende an die GLAAD. Danke an die Speerspitze des Projekts: Emily DePaula, Talia Halperin und Eric Karp.

Dem weiteren BuzzFeed-Team für seine wertvolle Hilfe. Ohne die Korrektoren (Emmy Favilla, Miranda Kantor und Sarah Schweppe), das Team Finanzen (Jake Raphaelson und Rikki McKernan) und die überaus geduldige Rechtsabteilung (Ashley Tan und Wajmah Yaqubi) wäre dieses Buch nicht zustande gekommen. Danke für eure Liebe, euren Enthusiasmus und euer Engagement.

Jedem bei Penguin Random House, vor allem Amanda Englander: Ihr habt das Buch zu einem echten Fest der Community gemacht. Mark McCauslin, Mia Johnson, Stephanie Huntwork, Kim Tyner, Nick Patton, Stephanie Davis und David Hawk: Ihr habt aus meiner Vision mehr gemacht, als ich mir je hätte träumen lassen. Danke, dass ihr die Chance ergriffen und an dieses Projekt geglaubt habt, und danke für eure großzügige Spende an die GLAAD.

Dem unglaublichen Fototeam, das aus dem Buch ein wahres Kunstwerk gemacht hat. Danke, Lauren Volo, Monica Pierini, Maeve Sheridan, Krystal Rack und Andie McMahon, für euer Talent. Erleben zu dürfen, wie die Rezepte und ihre Geschichten ihren Ausdruck in den wunderbaren Fotos fanden, war der Höhepunkt meiner Karriere. Ihr habt mit so viel Liebe und Leidenschaft gekocht und gestaltet, dass ich mir kein besseres und begabteres Team für dieses Projekt hätte wünschen können. Danke.

Danielle Daitch für ihren unermüdlichen Einsatz, der sichergestellt hat, dass die Rezepte funktionieren und das Ergebnis immer himmlisch lecker ist. Du warst ein Segen für dieses Projekt, und ich kann dir gar nicht sagen, wie dankbar ich für deine Unterstützung bin.

Danke, Sophie Peoples, für eine Buchgestaltung, die ebenso farbenfroh, wunderschön und lebendig ist wie die Community selbst.

GLAAD. Ihr seid diejenigen, die die richtig harte Arbeit machen, und ich kann euch gar nicht genug dafür danken, dass ihr euch so unbeirrbar dafür einsetzt, die Welt für die LGBTQ+ Community zu einem liebevolleren und toleranteren Ort zu machen. Euer Engagement für mehr Toleranz ist nach wie vor ungeheuer wichtig, und es ist mir eine große Ehre, euch kennen und mit euch arbeiten zu dürfen.

Equity at the Table (EATT), einer Internet-Datenbank von Frauen und gender-nonconforming Leuten, die in der Foodbranche tätig sind. Die Datenbank war bei der Arbeit an diesem Buch ein wertvolles Rechercheinstrument, und ich bin sehr dankbar, dass es sie gibt.

Meiner Food-Wahlfamilie, die immer da ist, um Fragen zu beantworten, Kontakte zu knüpfen und Liebe sowie Unterstützung zu spenden. Eure Nachrichten, Mails und spätabendlichen Anrufe haben mir bei diesem Buch unendlich geholfen. Ihr bedeutet mir sehr viel, und ich fühle mich geehrt, euch meine Freunde nennen zu dürfen.

Vor allem den fantastischen Mitwirkenden, die dieses Buch erst möglich gemacht haben. Ich danke der Community von Herzen für die Arbeit, die sie in dieses Projekt gesteckt hat, und hoffe, ihr seid alle ebenso stolz darauf, wie ich es bin. Mit jedem Einzelnen von euch arbeiten zu dürfen hat für mich einen Traum wahr werden lassen. Es ist mir eine große Ehre, Teil der Community zu sein.

Über die Mitwirkenden

Aaron Hutcherson ist freiberuflicher Foodautor und -redakteur sowie Rezeptentwickler in New York City. Er ist Gründer des Foodblogs *The Hungry Hutch;* seine Rezepte sind in zahlreichen Veröffentlichungen erschienen, darunter *New York Times Cooking, The Washington Post* und *Jarry.*

Alana McMillan & Sabrina Chen sind Mitgründerinnen von JaynesBeard, einem monatlich stattfindenden, privaten Supper Club für lesbische und queere Frauen. Die Veranstaltung dient dem Bekanntmachen aufstrebender überwiegend queerer weiblicher Küchenchefs und Barkeeper und bedient sich verschiedener Locations in ganz New York City.

Alex Koones führt ein Catering-Unternehmen für private Veranstaltungen und ist Küchenchefin sowie Organisatorin von Babetown, einem Supper Club in Brooklyn, New York, für queere, nichtbinäre und Trans-Menschen. Sie hat schon für mehrere berühmte Restaurants gearbeitet, darunter das NoMad, das Jean-Georges und das Breslin.

Amelia Rampe ist Foodstylistin und -autorin sowie Rezeptentwicklerin in New York City. Ihre Arbeiten sind in Publikationen wie *Food52, Bon Appétit* und *Epicurious* erschienen.

Andre Springer (a.k.a. Shaquanda) ist Gründer von Shaquanda's Hot Pepper Sauce, einer Firma mit Sitz in East Harlem, New York, die kreative Chilisaucen herstellt und diese mit einem großen Schuss Drag zu einem feurigen (und köstlichen) Gesamtkunstwerk kombiniert.

Andy Baraghani ist leitender Foodredakteur bei *Bon Appétit* und *Healthyish* in New York City. Er war in mehreren renommierten Restaurants tätig, etwa im Chez Panisse und im Corton.

Anita Lo ist die ehemalige Küchenchefin und Besitzerin des mit einem Michelin-Stern ausgezeichneten, mittlerweile aber geschlossenen Restaurants Annisa in New York City. Sie ist Autorin zweier Kochbücher – *Solo: A Modern Cookbook for a Party of One* und *Cooking Without Borders* – und wurde 2001 von *Food & Wine* zu einer der beiden »Besten Jungen Küchenchefinnen in Amerika« gekürt. Zudem war sie mehrere Male Anwärterin auf den Titel »Beste Küchenchefin von New York City« der James Beard Foundation.

Antoni Porowski ist der Food- und Weinexperte der mit dem Emmy ausgezeichneten Netflix-Serie *Queer Eye,* Mitinhaber des Restaurants Village Den in New York City und Autor von *Antoni in the Kitchen.*

April Anderson ist die Küchenchefin und Mitinhaberin von Good Cakes and Bakes, einer Community-orientierten Bio-Bäckerei in Detroit.

Arnold Myint ist Küchenchef und Besitzer mehrerer Restaurants in Nashville, darunter auch des BLVD Nashville, und war Mitstreiter bei *Top Chef* und *Food Network Star.* In seiner Drag-Rolle als Suzy Wong hat er zahlreiche Partys für Wohltätigkeitsorganisationen wie das Trevor Project, Nashville Cares und NOH8 veranstaltet.

Art Smith ist Restaurantbesitzer, Verfasser zahlreicher Kochbücher und der ehemalige persönliche Koch von Oprah Winfrey. Er ist der Gründer von Common Threads, einer gemeinnützigen Organisation mit Sitz in Chicago, die Kindern, Familien und Lehrern beibringt, gesunde und erschwingliche Mahlzeiten zu kochen.

Ben Mims ist Kochkolumnist der *Los Angeles Times* und Autor zweier Kochbücher: *Air Fry Every Day* sowie *Sweet & Southern: Classic Desserts with a Twist.* Er war für *Lucky Peach, Saveur* und *Food & Wine* tätig und leitender Konditor der Bar Agricole in San Francisco.

Bill Smith ist der Autor von *Seasoned in the South: Recipes from Crook's Corner and from Home,* das von der *New York Times* zum »Bemerkenswerten Buch«, von *Food & Wine* zum »Besten Buch« und von *Southern Living* zu »Einem von zehn Kochbüchern, die jeder Südstaatler besitzen sollte« gekürt wurde. Er wurde von der James Beard Foundation für den Titel »Bester Küchenchef des Südostens der Vereinigten Staaten« nominiert und ist ehemaliger Küchenleiter des viel geliebten Restaurants Crook's Corner in Chapel Hill, North Carolina.

Bill Yosses ist Besitzer des Perfect Pie in New York, Verfasser zahlreicher Kochbücher, darunter etwa *The Sweet Spot: Dialing Back Sugar and Amping Up Flavor,* und ehemaliger leitender Konditor im Weißen Haus. US-Präsident Barack Obama nannte ihn »The Crust Master«, den Meister der Brotkruste, außerdem stand er 2013 im »Who's Who of Food & Beverage in America« der James Beard Foundation.

Bo Durham ist Konditormeister von Mindy's HotChocolate Bakery in Chicago.

Brian Hart Hoffman ist Vorsitzender und Chief Creative Officer von Hoffman Media sowie Gründer und Chefredakteur der Zeitschrift *Bake from Scratch* in Birmingham, Alabama.

Bryan Petroff & Douglas Quint sind die gemeinsamen Gründer von Big Gay Ice Cream und die Verfasser des Buchs *Big Gay Ice Cream: Saucy Stories & Frozen Treats: Going All the Way with Ice Cream.*

Casey Elsass ist freiberuflicher Foodautor, Verfasser von *Maple Syrup* und Gründer der Bushwick Kitchen, einer Firma mit Sitz in Brooklyn, die süße und herzhafte Würzmittel herstellt. Seine Arbeiten sind in Publikationen wie *Munchies, Epicurious* und *Food52* erschienen.

Charlie Monlouis-Anderle ist freiberufliche Küchenchefin, voll ausgebildete Doula und Co-Küchenchefin von Yardy, einem Veranstalter kulinarischer Events, der mit Essen und Kunst sinnstiftende Geschichten vermitteln will.

Deborah VanTrece & Lorraine Lane sind gemeinsame Besitzerinnen von Twisted Soul Cookhouse & Pours; das Restaurant in Atlanta hat sich auf modernes Soulfood spezialisiert, wurde im Fernsehsender Food Network vorgestellt und von der *Georgia Voice* zum »Besten Neuen Restaurant in Atlanta« gekürt.

Diana Yen ist Gründerin von The Jewels of New York, einem Styling- und Küchenberatungsstudio in New York City, sowie Verfasserin von *A Simple Feast: A Year of Stories and Recipes to Savor and Share.* Ihre Arbeiten sind in Publikationen wie *Food & Wine, Kinfolk* und *Martha Stewart Living* erschienen.

Edd Kimber ist Bäcker in London, Foodautor und Gewinner der ersten Staffel von *The Great British Bake Off.* Zudem hat er drei Kochbücher verfasst: *Patisserie Made Simple, Say It with Cake* und *The Boy Who Bakes.* Seine Arbeiten sind in verschiedenen Publikationen erschienen, darunter in *BBC Good Food, Olive* und *Bake from Scratch*.

Elazar Sontag ist Foodautor in Brooklyn, New York, und Verfasser von *Flavors of Oakland: A Cookbook in 20 Stories.* Seine Arbeiten sind in Publikationen wie der *Washington Post, Bon Appétit,* der Zeitschrift *New York, Munchies* und *Serious Eats* erschienen.

Elise Kornack & Anna Hieronimus sind die ehemaligen gemeinsamen Inhaberinnern des mit einem Michelin-Stern ausgezeichneten, mittlerweile aber geschlossenen Restaurants Take Root in Brooklyn. 2016 gehörten sie in der Kategorie »Food & Drink« zu den »30 Under 30« der Zeitschrift *Forbes.* Momentan leben sie in den Catskill Mountains im Staat New York.

Elizabeth Falkner ist beratende Köchin und Verfasserin von *Elizabeth Falkner's Demolition Desserts: Recipes from Citizen Cake* sowie *Cooking Off the Clock: Recipes from My Downtime.* Sie war vielfach im Fernsehen zu sehen, etwa in *Top Chef Masters* und *The Next Iron Chef: Super Chefs.* 2005 wurde sie von der James Beard Foundation für den Titel »Beste Konditormeisterin« nominiert und mit dem Charles M. Holmes Award der Human Rights Campaign ausgezeichnet.

Elle Simone Scott ist die erste schwarze Frau, die in *America's Test Kitchen* aufgetreten ist, und die Gründerin von SheChef, einem sozialen Unternehmen, das schwarzen Frauen die Hilfsmittel an die Hand gibt, in der Kochbranche tätig zu sein.

Eric Kim ist leitender Redakteur und »Table for One«-Kolumnist bei *Food52.* Davor war er Online-Manager von FoodNetwork.com und Schreibdozent an der Columbia University.

Frances Tariga-Weshnak ist die ehemalige Küchenleiterin des Megu in New York City und war Mitstreiterin in Staffel 3 von *Top Chef.*

Gabriella Vigoreaux ist Catering-Köchin in Winter Haven, Florida. Davor war sie kulinarische Leiterin der Smith Canteen in Brooklyn und hat Rezepte für mehrere Zeitschriften entwickelt, etwa für *Good Housekeeping* und *Women's Day.*

Hannah Hart ist der Star der überaus erfolgreichen YouTube-Serie *My Drunk Kitchen,* Verfasserin des *New York Times*-Bestsellers *Buffering: Unshared Tales of a Life Fully Loaded* und Autorin zweier Kochbücher: *My Drunk Kitchen* und *My Drunk Kitchen Holidays!.* 2017 war sie in ihrer eigenen Food-Network-Miniserie *I Hart Food* zu sehen.

Iliana Regan ist Küchenchefin und Inhaberin des mit einem Michelin-Stern ausgezeichneten Restaurants Elizabeth in Chicago sowie Autorin von *Burn the Place: A Memoir.* Sie war 2018 für den Titel »Beste Küchenchefin der Region Great Lakes« der James Beard Foundation nominiert und 2016 von *Food & Wine* als eine der »Besten Jungen Küchenchefinnen des Jahres« aufgeführt.

Irvin Lin ist ein von der IACP ausgezeichneter Fotograf, Gründer des beliebten Foodblogs *Eat the Love* und Autor von *Marbled, Swirled, and Layered: 150 Recipes and Variations for Artful Bars, Cookies, Pies, Cakes, and More.*

Jake Cohen ist Redaktions- und Testküchenleiter von The Feedfeed sowie Autor des Kochbuchs *JEW-ISH.* Davor war er Gastrokritiker von *Time Out New York* und Foodredakteur von *Tasting Table.* Zudem hat er in mehreren berühmten Restaurants gekocht, darunter das ABC Kitchen in New York City.

James Park ist Rezeptentwickler und Foodblogger in New York City. Er ist als Social-Media-Mitarbeiter für *Eater* tätig, wo er den Posten des »official eater« (offizieller Esser) innehat.

Jesse Szewczyk ist Rezeptentwickler, Foodautor und Foodstylist in New York City. Seine Arbeiten sind in verschiedenen Publikationen erschienen, darunter in *BuzzFeed, The Kitchen, Food52* und *Bake from Scratch.*

Jesse Tyler Ferguson ist Schauspieler und mit seiner Rolle als Mitchell in der ABC-Comedy-Serie *Modern Family* berühmt geworden. Er ist Mitgründer des Foodblogs *Julie & Jesse* sowie der gemeinnützigen Wohltätigkeitsorganisation Tie the Knot, die Fliegen in limitierter Auflage verkauft und den Erlös Einrichtungen spendet, die für die Rechte der LGBTQ+ Community kämpfen.

Jessica Battilana ist freiberufliche Foodautorin und Rezeptentwicklerin in San Francisco. Sie ist die Verfasserin von *Repertoire* und schreibt eine zweimonatliche Kochkolumne für den *San Francisco Chronicle.* Ihre Arbeiten sind darüber hinaus in *TASTE, Saveur* und *Martha Stewart Living* erschienen.

John Birdsall ist ein mit dem James Beard Award ausgezeichneter Autor in Oakland, Kalifornien, und war 17 Jahre lang Koch. Seine Arbeiten sind in Publikationen wie *Bon Appétit, Eater* und *Food & Wine* erschienen.

Jonathan Melendez ist ein in L.A. ansässiger Kochbuchautor, Blogger, Rezeptentwickler und Foodfotograf. Er fotografiert regelmäßig für Plattformen wie *Joy the Baker,* Food.com und *Go Bold with Butter.*

Josie Smith-Malave ist Küchenchefin und Mitinhaberin von Bubbles + Pearls in Wilton Manors, Florida, und war Mitstreiterin in Staffel 2 von *Top Chef.*

Julia Turshen ist Bestsellerautorin zahlreicher Kochbücher, darunter von *Now & Again* sowie *Feed the Resistance,* und Gründerin von Equity at the Table, einem umfangreichen digitalen Verzeichnis, in dem weibliche und nichtbinäre Profis der Foodbranche aufgelistet sind.

Justin Burke-Samson ist Mitinhaber von Bonjour Y'all in Davidson, North Carolina, ehemaliger Patisseriechef bei Kindred und freiberuflicher Foodautor. Seine Arbeiten sind in zahlreichen Publikationen erschienen, darunter in *Eater* und *Compound Butter.*

Justin Chapple ist kulinarischer Leiter von *Food & Wine,* Veranstalter der James-Beard-Awards-nominierten Online-Videoserie *Mad Genius Tips* und Autor von *Just Cook It! 145 Built-to-Be-Easy Recipes That Are Totally Delicious.*

Karen Akunowicz ist Küchenchefin und Besitzerin von Fox & the Knife in Boston und war Mitstreiterin bei Staffel 13 von *Top Chef.* 2018 erhielt sie von der James Beard Foundation die Auszeichnung »Beste Küchenchefin des Nordostens der Vereinigten Staaten«.

Katy Smith ist Küchenleiterin bei QDOBA und ehemalige Kreativchefin bei Puesto. Sie war die rechte Hand von Rick Bayless und kulinarische Produzentin der Emmy-preisgekrönten PBS-Sendung *Mexico: One Plate at a Time* sowie des mit dem James Beard Award ausgezeichneten Podcasts *The Feed.*

Kia Damon ist freiberufliche Küchenchefin, kulinarische Leiterin von Cherry Bombe und ehemalige erste Küchenchefin des Lalito in New York City.

Kristopher Edelen ist Küchenchef und Gründer von HOTPANnyc, einem Veranstalter kulinarischer Events in New York. Er war Mitstreiter in *Chopped* und *Cutthroat Kitchen* und bei *First We Feast* zu sehen.

Libby Willis & Bill Clark sind die gemeinsamen Inhaber*innen von MeMe's Diner in Brooklyn, einem inklusiven Diner, das von dem Duo als »sehr, sehr homosexuell« beschrieben wird. 2019 wurde Willis von *Eater* als eine der »Young Guns« ausgezeichnet.

Liz Alpern ist Mitinhaberin von The Gefilteria und Autorin von *The Gefilte Manifesto.* Sie hat die Queer Soup Night gegründet, bei der Suppen und die Community gleichermaßen im Mittelpunkt stehen. 2014 gehörte sie in der Kategorie »Food & Drink« zu den »30 Under 30« der Zeitschrift *Forbes.*

Lukas Volger ist Mitgründer und redaktioneller Leiter von *Jarry,* einer zweimal im Jahr erscheinenden Foodzeitschrift mit Fokus auf die queere Kultur. Er ist Autor mehrerer Kochbücher, darunter von *Bowl: Vegetarian Recipes for Ramen, Pho, Bibimbap, Dumplings, and Other One-Dish Meals.*

Melissa King ist Kochbotschafterin für Whole Foods und war Finalistin der zwölften Staffel von *Top Chef.*

Michael Marino & Jorge Moret sind die gemeinsamen Inhaber von City Saucery, einer Firma mit Sitz in Brooklyn, die handwerklich gearbeitete Tomatensauce und Würzmittel in kleiner Auflage herstellt.

Natasha Case & Freya Estreller sind die gemeinsamen Gründerinnen von Coolhaus, einer Eiscremefirma mit Sitz in Culver City, Kalifornien, die sich auf Premium-Eiscremesandwiches spezialisiert hat. Case gehörte in der Kategorie »Food & Drink« zu den »30 Under 30« der Zeitschrift *Forbes* und ist auch bei dem Bewertungssystem *Zagat* als »30 Under 30« geführt.

Nik Sharma ist als Kolumnist für den *San Francisco Chronicle* tätig, Gründer des populären Foodblogs *A Brown Table* und Autor des Kochbuchs *Season: Big Flavors, Beautiful Food,* das 2019 für die James Beard Awards nominiert war.

Ollie Walleck ist Küchenleiter des Broken Shaker und des Café Integral im Freehand Chicago.

Orlando Soto ist Konditormeister des Catch Steak in New York City und ehemaliger leitender Konditormeister des Ilili.

Pichet Ong ist Konditormeister und Autor von *The Sweet Spot: Asian-Inspired Desserts.* Er ist schon für mehrere renommierte Restaurants tätig gewesen, darunter für das Chez Panisse, das Spice Market und das Jean-Georges; von der James Beard Foundation war er bereits zweimal für den Titel »Herausragender Konditormeister« nominiert.

Preeti Mistry ist Küchenchefin und Autorin von *The Juhu Beach Club Cookbook: Indian Spice, Oakland Soul.* Sie war von der James Beard Foundation zweimal für den Titel »Beste Küchenchefin des Westens der Vereinigten Staaten« nominiert und Mitstreiterin in Staffel 6 von *Top Chef.*

Rebekah Peppler teilt ihre Zeit zwischen Los Angeles und Paris auf und ist Autorin, Foodstylistin sowie Verfasserin des von der James Beard Foundation nominierten Buchs *Apéritif: Cocktail Hour the French Way.* Ihre Arbeiten sind in Publikationen wie *Saveur, Epicurious* und der *New York Times* erschienen.

Rick Martinez ist freiberuflicher Foodautor und Rezeptentwickler in New York. Er ist als Foodredakteur für *Bon Appétit* tätig, und seine Arbeiten sind unter anderem in *Food Network, Food & Wine* sowie *Epicurious* erschienen.

Rita Sodi & Jody Williams sind Küchenchefinnen und gemeinsame Inhaberinnen von Via Carota. 2019 verlieh die James Beard Foundation ihnen den Titel »Beste Junge Küchenchefinnen: New York City«.

Ruby Tandoh ist Foodautorin und Verfasserin dreier Bücher, darunter *Eat Up!: Food, Appetite and Eating What You Want.* Sie war Zweite in Staffel 4 von *The Great British Bake Off* und schreibt für verschiedene Zeitschriften, etwa für *The Guardian, Vice* und *Elle.*

Ryan Alvarez & Adam Merrin sind Foodblogger in Eagle Rock, Kalifornien, und die Autoren von *Husbands That Cook: More Than 120 Irresistible Vegetarian Recipes and Tales from Our Tiny Kitchen.*

Sana Javeri Kadri ist Gründerin von Diaspora Co., einem Unternehmen mit Sitz in Oakland, Kalifornien, das Gewürze herstellt und sich für die faire Behandlung indischer Bauern einsetzt – sowohl in finanzieller als auch in jeder anderen Hinsicht.

Sarah Kirnon ist Küchenchefin und Besitzerin des Restaurants Miss Ollie's in Oakland, Kalifornien.

Sean Dooley ist Stylist für Food und Lifestyle in New York. Seine Arbeiten sind in verschiedenen Publikationen erschienen, darunter in *Bon Appétit, Cherry Bombe* und *Epicurious.*

Susan Feniger ist Mitküchenchefin und Mitinhaberin von Border Grill, einer kleinen Restaurantkette in Los Angeles und Las Vegas, sowie Verfasserin zahlreicher Kochbücher. Sie war mehrfach im Fernsehen zu sehen, darunter in *Top Chef Masters;* 1985 wurde sie in das »Who's Who of Food & Beverage in America« der James Beard Foundation aufgenommen.

Ted Allen ist Moderator der Food-Network-Sendung *Chopped* und Autor von *In My Kitchen: 100 Recipes and Discoveries for Passionate Cooks* sowie *The Food You Want to Eat: 100 Smart, Simple Recipes.* Er war Food- und Weinexperte bei *Queer Eye for the Straight Guy* und ist bereits mit zwei James Beard Awards ausgezeichnet worden.

Tiffani Faison ist Inhaberin dreier Restaurants in Boston (Sweet Cheeks, Tiger Mama und Fool's Errand) und war Finalistin in der ersten Staffel von *Top Chef.* 2019 wurde sie von der James Beard Foundation für den Titel »Beste Küchenchefin des Nordostens der Vereinigten Staaten« nominiert.

Vaughn Vreeland ist leitender Videojournalist von *New York Times Cooking.* Davor war er unter anderem als Produzent für *Tasty* tätig.

Virginia Willis ist Küchenchefin und Autorin von sechs Kochbüchern, darunter von *Lighten Up, Y'all: Classic Southern Recipes Made Healthy and Wholesome.* Sie teilt ihre Zeit zwischen Atlanta, Georgia, und Hatfield, Massachusetts, auf.

Von Diaz lebt in New York und ist Radioproduzentin, Foodautorin sowie Verfasserin von *Coconuts and Collards: Recipes and Stories from Puerto Rico to the Deep South.*

Woldy A. Reyes ist Küchenchef und Gründer von Woldy Kusina, einer kleinen, aber feinen Catering-Firma, über die in *Goop* und in der Zeitschrift *New York* berichtet wurde.

Yotam Ottolenghi ist der von der James Beard Foundation ausgezeichnete Verfasser mehrerer Kochbücher, darunter *Ottolenghi Simple* sowie *Plenty: Vibrant Vegetable Recipes from London's Ottolenghi.* Zudem ist er Mitinhaber mehrerer Restaurants in London.

Zac Young ist leitender Konditor der Craveable Hospitality Group in New York City und war in zahlreichen Fernsehsendungen zu sehen, darunter in *Unique Sweets* sowie in *Top Chef: Just Desserts.*

Register

Kursiv gedruckte Seitenzahlen beziehen sich auf Fotos.

T

W

Z

TASTY™
ENTDECKE DEINE TASTY SUPERTOOLS
Wir können nicht nur Videos, sondern auch tolle Too
für all deine Lieblingsrezepte. Unsere Küchenhelfer,
Töpfe, Pfannen, Messer und Gadgets überzeugen m
cleveren Funktionen, ansprechenden Farbkombis
und richtig guter Qualität.
Geniale Preise sorgen für jede Menge Spaß und
leckere Kochergebnisse.
Jetzt entdecken unter www.tasty-online.com
#KNIFELIFE
KÜCHENHELFER
COOL TOOLS
2IN1
FUNK
TÖPFE & PFANNEN
ÖL-DOSIERSYSTEM